UNE
MISSION DIPLOMATIQUE
EN POLOGNE
AU XVIe SIÈCLE

Jacques FAYE D'ESPEISSES et Guy du FAUR DE PIBRAC

1574-1575

D'APRÈS CERTAINS DOCUMENTS INÉDITS

PAR

LE Mis DE PERSAN

Extrait de la « Revue d'histoire diplomatique »

PARIS

TYPOGRAPHIE PLON-NOURRIT ET Cie

8, RUE GARANCIÈRE — 6^e

1904

UNE
MISSION DIPLOMATIQUE
EN POLOGNE
AU XVIᵉ SIÈCLE

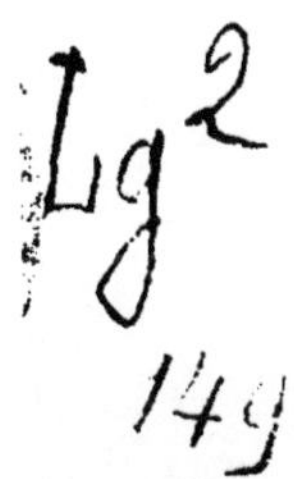

UNE
MISSION DIPLOMATIQUE
EN POLOGNE
AU XVIᵉ SIÈCLE

Jacques FAYE D'ESPEISSES et Guy du FAUR DE PIBRAC

1574-1575

D'APRÈS CERTAINS DOCUMENTS INÉDITS

PAR

LE Mᶦˢ DE PERSAN

Extrait de la « Revue d'histoire diplomatique »

PARIS

TYPOGRAPHIE PLON-NOURRIT ET Cᶦᵉ

8, RUE GARANCIÈRE — 6ᵉ

1904

UNE

MISSION DIPLOMATIQUE EN POLOGNE

AU SEIZIÈME SIÈCLE

JACQUES FAYE D'ESPEISSES

et

GUY DU FAUR DE PIBRAC

(1574-1575)

Le 14 juin 1574 au soir, lorsque Méry de Barbezières, seigneur de Chémerault, grand maréchal des logis de la Cour de France, arriva à Cracovie pour annoncer à Henri de Valois la mort de son frère Charles IX, et l'inviter au nom de la reine-mère à revenir en France, il trouva le terrain admirablement préparé par Catherine à l'accomplissement de sa mission.

En effet, depuis le départ d'Henri de Valois pour ses lointains États, la santé de Charles IX s'était rapidement affaiblie, et Catherine de Médicis se demandait avec anxiété si la couronne n'écherrait pas à son quatrième fils, le duc d'Alençon, qui conspirait dans le moment même, par l'absence forcée et prolongée de celui qui devait la recueillir; aussi n'avait-elle épargné aucune peine pour décider le roi de Pologne à se rendre en France au premier appel et le détourner de tout attachement à ses nouveaux sujets [1].

Chémerault n'apportait pas, il est vrai, la première nouvelle de la mort de Charles IX — dans la matinée elle avait été secrètement annoncée à Henri de Valois par l'ambassadeur de

---

[1] Voir correspondance de Catherine avec Bellièvre. B. N.. F. français 15903.

1

l'Empereur Maximilien [1] — mais il apprit au roi qu'avant d'expirer Charles IX avait institué par lettres patentes la reine-mère régente du royaume, et que celle-ci ignorant quelle route il prendrait pour rentrer en France avait expédié des courriers auprès de l'Empereur et des princes protestants d'Allemagne pour obtenir le libre passage à travers leurs États. A ces informations le roi de Pologne réunit ses conseillers : ceux qui n'attendaient que ce moment pour quitter la Pologne accueillirent sans hésitation l'idée d'un départ immédiat, quelles qu'en fussent les conséquences ; d'autres, cependant, déclarèrent qu'une résolution aussi précipitée entacherait la dignité royale et pourrait être interprétée comme une renonciation à la couronne ; Pibrac [2] et Souvré insistèrent vivement pour que le roi exposât au Sénat l'importance des nouveaux devoirs qui lui incombaient par la mort de Charles IX et amenât les sénateurs en leur tenant un langage habile et ferme à reconnaître l'utilité de son départ. S'étant rangé à cette opinion, le roi de Pologne décida qu'il se présenterait le lendemain même au Sénat. Dans la soirée, il fit rédiger les lettres patentes nécessaires à la confirmation de la reine, sa mère, en qualité de régente du royaume pendant son absence [3] ; par une lettre missive jointe à celles-ci, il chargeait Cheverny, membre du Conseil privé du feu roi et secrétaire d'État pour les affaires intérieures, d'en requérir l'enregistrement au Parlement. Ces lettres signées, contre-signées et scellées, il les confia à Jacques Faye, sieur d'Espeisses [4], conseiller au Parlement de Paris, pour lors attaché à

---

[1] L'Empereur avait reçu la nouvelle de Chémerault lui-même, et avait fait partir un courrier à son insu pour être le premier à la transmettre au roi de Pologne. (Voir Vincent Laureo, nonce en Pologne, au secrétaire d'État du Saint-Siège, Cracovie, 17 juin 1574, n° 16.)

[2] Chancelier du roi de Pologne.

[3] B. N., F. français, 3315.

[4] Jacques Faye, sieur d'Espeisses, conseiller au Parlement de Paris du 31 décembre 1567, avait reçu la commission des requêtes du palais par la résignation de son père en 1570, et la même année fut fait maître des requêtes de l'hôtel du duc d'Anjou. Ayant suivi en Pologne le marquis de Rambouillet, son parent, lorsqu'il était venu remercier les États de l'élection

sa chancellerie, avec ordre de partir le 16 au soir afin d'annoncer à Catherine et au Parlement son retour à bref délai.

Le 16, selon ce qui avait été convenu la veille, le roi de Pologne, en habits de deuil, parut au Sénat, où sur la convocation qui leur en avait été faite le matin même s'étaient réunis à la hâte tous les sénateurs, fort peu nombreux d'ailleurs, qui se trouvaient encore à Cracovie. Là, pour gagner du temps, il expliqua à la haute assemblée que, la mort du roi son frère l'obligeant à se rendre en France pour quelques mois, il la suppliait de convoquer, au plus tard le 18 août, les comices généraux qui ne devaient se réunir qu'en octobre, pour que les affaires du royaume ne souffrissent aucun préjudice pendant son absence. A cette demande inattendue, les sénateurs se constituèrent en comité secret, et étant rentrés en séance après trois heures de délibération, l'évêque de Cujavie [1], grand référendaire du royaume, prononça une longue harangue où, sans s'opposer de parti pris à la convocation des comices avant l'époque fixée, il rappelait au roi ses devoirs envers la Pologne qui l'avait librement choisi pour son souverain et l'invitait à s'intituler seulement roi de Pologne, et non roi de France et de Pologne, comme il l'avait fait dans ses lettres aux sénateurs, jusqu'à ce que cette question de forme fût réglée par les comices. L'évêque de Cujavie proposait en terminant d'envoyer une ambassade en France sur les rapports de laquelle on verrait s'il y avait lieu d'autoriser le départ du roi. Ces observations étaient appuyées d'arguments trop justes pour que le roi de Pologne ne sentît pas sur l'heure quelle lutte funeste il engageait avec les États. On ne refusait pas, à la vérité, de le laisser partir, mais on demandait à s'instruire sans précipitation de l'état des choses en France et à s'entendre avec une égale confiance de part et d'autre. S'affermissant néanmoins dans ses secrets desseins, il leva assez timidement la séance, après avoir prononcé quelques paroles

de Henri de Valois, il y était resté, et Henri III l'avait attaché à son Conseil par brevet du 30 avril 1574. (Voir registres du Parlement, B. N., 23752.)

[1] Stanislàs Karnkowski, évêque de Cujavie.

vagues et embarrassées où il n'approuvait ni ne blâmait la fière admonestation de l'évêque de Cujavie.

Rentré au palais, Henri de Valois appela de nouveau ses conseillers. D'un avis unanime on trouva que, loin d'avoir défendu l'union des deux couronnes, le grand référendaire avait, au contraire, affecté une ardeur un peu vive à subordonner la dignité du roi de France aux seuls avantages de la Pologne. Par l'envoi d'une ambassade, qui mettrait plusieurs mois à accomplir sa mission, il apparut à tous que les sénateurs ne cherchaient qu'à entraver le départ du roi. On alla même jusqu'à soutenir qu'il n'était plus libre à Cracovie où l'on pouvait facilement réunir en quelques jours huit à dix mille cavaliers qui barreraient les passages et garderaient les routes conduisant à la frontière. Aux yeux de tous il ne restait plus qu'à procéder aux préparatifs du départ qui s'imposait et deviendrait plus difficile si l'on tardait davantage à l'entreprendre. Dès ce moment l'abandon de la Pologne était décidé, et passant astucieusement la journée du lendemain à écrire des lettres par lesquelles il expliquait au Sénat et aux principaux seigneurs du royaume les raisons qui l'empêchaient de rendre son départ public, Henri de Valois sortait nuitamment de Cracovie avec quelques compagnons, échappant par une course folle et pleine de périls à la vigilance des Polonais [1].

II

De tous les Français, fugitifs ou en mission, qui parcoururent en si grand nombre à cette époque les routes de l'Allemagne, rentrant en France ou se rendant en Pologne, aucun ne fit ce long voyage en moins de temps qu'il n'en fallut à d'Espeisses pour arriver à Paris.

Parti le 16 juin au soir de Cracovie, il franchit en quatorze jours seulement la distance qui sépare cette ville de Paris, dormant à cheval, mangeant où et comme il pouvait, courant risque

---

[1] Voir *Henri de Valois et la Pologne*, par M. le marquis DE NOAILLES.

chaque jour de tomber entre les mains des pillards qui, à la
faveur de la guerre religieuse, étaient devenus en Allemagne et
en France les véritables maîtres des routes. Ce fut un tour de
force qui frappa à tel point les contemporains[1] qu'ils rappellent
dans leurs chroniques que Chémerault, qui passait pour le plus
hardi cavalier de France, avait mis près de seize jours. Il est
vrai que l'Empereur l'avait retenu une demi-journée à Vienne.

A Paris, d'Espeisses va aussitôt remettre à la reine-mère les
lettres dont il est porteur, et on le retrouve le lendemain, 2 juillet,
au Parlement où il assiste le conseiller Cheverny dans la présentation des lettres patentes du roi de France. Cette formalité
accomplie, il prononce une courte harangue par laquelle il prie
la cour, au nom de Henri III, de reconnaître la reine-mère
en qualité de régente du royaume et de lui prêter obéissance
comme à lui-même. Qui eût pensé quelques mois auparavant
dans cette enceinte où son départ pour la Pologne, entraînant
forcément la dispense de son office, avait presque provoqué un
conflit avec l'autorité royale, qu'il reviendrait si peu de temps
après annoncer au Parlement, avec les honneurs royaux, les
volontés du nouveau roi[2] !

D'Espeisses ne devait point rester inactif à Paris. Avant et
après les obsèques solennelles de Charles IX qui eurent lieu le
6 juillet et auxquelles il assista, il eut plusieurs entrevues avec
la reine-mère ; mais étant parti si précipitamment de Cracovie, il
ne put lui fournir autant de détails qu'elle en eût désiré sur les
projets du roi de Pologne. Aussi, le 5 juillet[3], expédie-t-elle à
tout hasard un courrier à Bellièvre[4] pour qu'il engage le roi,
quelque route qu'il prenne, à envoyer aux Suisses et aux
princes allemands un ambassadeur qui sollicite la cessation des

---

[1] Voir recueil de plusieurs pièces des sieurs de Pybrac, d'Espeisses et Bellièvre, 1635. Paris, Blaize; et Gillot, lettre à M. de Sainte-Marthe, trésorier
de France en Poitou, B. N., F. français 23025, mél. f. 83.

[2] Registres du Parlement, B. N., septembre 1573 et juillet 1574.

[3] B. N., F. F. 15903.

[4] Ambassadeur de Charles IX près le roi de Pologne et cousin germain de
d'Espeisses.

enrôlements auxquels se livrent dans leurs États le prince de
Condé et ses agents. Le courrier à peine parti, elle reçoit enfin
une lettre de Bellièvre, en date du 22 juin à Westernitz, village
aux environs d'Olmutz, en Moravie, lui annonçant que le roi son
fils se rend à son appel par l'Italie. D'autres lettres suivent
celle-ci : après avoir franchi la frontière de Pologne, le roi de
France est arrivé à Vienne, où l'Empereur l'a accueilli de la
manière la plus gracieuse, et à la nouvelle qu'il doit traverser
l'Italie, les ducs de Ferrare, de Mantoue et de Savoie, apparentés
à sa maison, se sont mis en route pour aller le recevoir à Venise.
Cette première satisfaction obtenue, Catherine songe, non sans
orgueil, à ce trône de France qui vacille sur ses bases depuis
tant de mois et qu'elle a maintenu jusqu'à ce jour par les efforts
de sa prodigieuse activité : à l'extérieur, les démarches du
prince de Condé auprès des princes allemands arrêtées ; à l'inté-
rieur, le duc d'Alençon prisonnier au château de Vincennes, ses
partisans tués ou dispersés ; les rebelles de Normandie réduits
à l'obéissance par la capture et l'exécution de leur chef Mont-
gomery ; quel chemin parcouru depuis le départ du roi de
Pologne ! Par malheur, le Midi échappe encore à sa loi, car
Damville y règne en maître, et, avec sa connivence, catholiques et protestants, ceux du moins qu'on appelle les poli-
tiques, ont formé une ligue menaçante. C'est en vain que de
son vivant Charles IX lui a enlevé son commandement, qu'elle-
même l'a sommé depuis lors d'expliquer sa conduite. A ses rap-
pels au devoir, Damville a répondu en s'emparant au nom du
roi des quelques places qui lui résistent encore. A bout d'arguments, Catherine consent à négocier : Damville ira saluer le roi
à Turin, puisqu'il ne reconnaît d'autre autorité que la sienne ;
mais en même temps elle travaille dans un profond secret à ce
qu'Henri se trouve prévenu d'avance contre ses embûches et
suffisamment instruit des affaires du royaume. Cette délicate
mission, elle la réserve à Cheverny, Fizes et Villeroy, dont elle
connaît depuis longtemps le dévouement ; mais avant de la leur
confier, elle juge opportun de préparer l'esprit du nouveau roi

aux instructions qu'ils lui porteront dans quelques jours. Par des avis indirects, elle sait, en effet, que des influences étrangères cherchent à ébranler son autorité sur le roi en le poussant à gouverner par lui-même. Pendant son voyage on lui a tenu force propos sur les moyens de pacifier son royaume et il semble prêter l'oreille aux conseils qu'on lui a donnés. Bellegarde, dont la faveur grandit chaque jour; Pibrac, qui a conservé la sienne, seraient avec les princes dont il traverse les États les instigateurs de ces résolutions où perce l'intrigue dirigée contre sa toute-puissance. C'en est trop : habile à arrêter le mal à son apparition, elle intime à d'Espeisses l'ordre de se rendre en hâte auprès d'Henri III[1], afin qu'il lui dise en propres termes : « qu'elle lui a conservé le royaume, défait les rebelles, pris les maréchaux, retenu son frère et levé tous les empêchements ; qu'il ne tient plus qu'à lui de régner absolument s'il la veut croire, ce qu'elle attend de luy, encores qu'elle n'ignore pas qu'il y a des gens qui lui donnent d'autres conseils. »

C'est à Ferrare, à la cour toute française du duc, allié de nos rois, que d'Espeisses rejoignit le dernier jour de juillet Henri de Valois entouré des princes italiens qui le ramenaient presque en triomphe à travers leurs États. Les circonstances au milieu desquelles il avait abandonné la Pologne présentaient trop de gravité pour que ces princes, plus ou moins activement mêlés au mouvement général de l'Europe, ne vissent pas s'ouvrir devant eux la perspective d'éventualités favorables à leurs secrètes ambitions.

A leur tête, le brillant duc de Ferrare, Alphonse d'Este[2], dont le roi de France se trouvait en ce moment l'hôte fêté, ne cachait guère, tout en ne paraissant occupé que de bals et de festins, l'attention singulière qu'il portait aux affaires de Pologne. Instruit

---

[1] Catherine à Bellièvre, 19 juillet 1574, B. N., F. F. 15903 : « Jenvoie le Sᵣ Despeisses. présent porteur, vers le Roy Mons. Mon Fils, pour locasion que vous entendres de luy dont je ne vous dyrai rien par ces mots, mays seullement vous priray de lui croire et lui adjouster foy come a moy mesme, suplyant le Créateur... »

[2] Fils d'Hercule d'Este, duc de Ferrare, et de Renée de France, fille de Louis XII.

dès la première heure de la fuite du roi, il avait envoyé auprès de lui à Vienne, et bien que son ambassadeur se fût attiré une réponse assez vive, en essayant de savoir si la couronne de Pologne n'allait pas devenir vacante, pour le duc de Ferrare tout semblait remis en litige par ce départ précipité.

A ses côtés, ne demandant rien, se diminuant même par une adroite obséquiosité, Emmanuel-Philibert, duc de Savoie, se bornait en apparence à diriger le cortège royal, comme s'il n'eût d'autre souci que de ramener sans encombre le roi de France à la reine-mère. Parfois élevait-il la voix en faveur des avantages qu'apporterait à la France le rétablissement de la paix entre les catholiques et les protestants ; peut-être même eût-il offert son intervention auprès des réformés du Midi, si Catherine ne lui eût fourni l'occasion de sortir de l'effacement auquel il s'était malicieusement soumis pour tenir au grand jour le rôle prépondérant de conseiller et d'arbitre entre le roi de France et ses sujets en révolte. En effet, les hésitations du nouveau roi à prendre la route des Grisons ou celle du Piémont se dissipèrent assez vite quand d'Espeisses lui eut recommandé, au nom de la reine-mère, d'éviter la Suisse et de passer par les États du duc de Savoie où elle le regarderait comme hors de tout danger[1]. Déférant au vœu qui lui était ainsi exprimé, il prescrivit à Bellièvre de se rendre aux Grisons pour faire agréer au landamann ses regrets de ne pouvoir le visiter en personne et s'opposer, comme l'avait indiqué Catherine, aux enrôlements dont nous avons parlé. Puis il déclara à d'Espeisses, qui avait eu le don de l'émouvoir vivement en lui exposant tout ce qu'avait fait la régente pour lui conserver son royaume, « qu'il la tenoyt pour mère non de luy seullement, mays de son Estat, l'asseurant qu'il

<hr>

[1] Thomas de la Bruère à M. d'Hautefort. B. N., F. F. 15559, p. 132. — Catherine à Bellièvre, de Mussy-l'Évêque, le 16 août 1574 : « Et quant à ce qui touche le faict du Royaulme, vous aves entendu ce que jen ay mandé de mon opinion par le Sr Despeisses qui me gardera de vous en ryen dyre. Mays seullement vous asseureray-je du plaisir que jay du voiage des Grisons et de Suisse que vous aves entrepris où je me promès bien que vous feres ung bon servyce au Roy Mons. Mon Fils... » B. N., F. F. 15703, f. 153.

luy croyait entièrement, dust-il estre le plus pauvre berger de son royaulme[1] ». Le jour même il recourut aux bons offices du duc de Savoie pour obtenir sous ses auspices une entrevue avec Damville à Turin, conformément à l'invitation que lui en avait faite d'Espeisses au nom de la reine-mère.

Une étroite parenté unissait le duc de Savoie aux Montmorency, adversaires des Guises et ennemis de Catherine. Rien ne pouvait donc mieux servir ses secrètes convoitises que d'être choisi pour intermédiaire dans le conflit entre la reine-mère et ses cousins. Joignant ses propres instances à celles du roi de France, il invite aussitôt Damville à venir à Turin où il n'aurait rien à craindre, lui assurait-il, tant qu'il serait sous sa garde, et brûlant les étapes il arriva le 12 août dans sa capitale avec son royal neveu[2].

A Turin[3], ce ne fut point encore Damville qu'il rencontra, mais Cheverny, Fizes et Villeroy, dont il ne percevait pas très clairement les desseins et que Catherine avait envoyés en avant. Elle-même s'était mise en route à son tour, le 8 août, et, trouvant sans doute insuffisantes les instructions verbales qu'elle avait données à Cheverny, elle lui avait adressé, en cours de voyage, un mémoire tout entier de sa main qu'il devait remettre au roi et dans lequel elle traçait à son fils tout un programme de gouvernement, réglant jusqu'à ses heures de lever et d'audience et s'efforçant de le tenir en garde contre les intrigues de ceux qui chercheraient à le circonvenir dans leur intérêt exclusif. Par là, Catherine faisait allusion à certains changements que le roi avait introduits dans son conseil et qu'elle regardait comme nuisibles à son autorité[4]. Quant à l'entrevue avec Damville, il n'en est pas question dans le mémoire; mais quelque attention qu'elle y consacre dans ses lettres à Cheverny, au fond elle ne se trompe

[1] Duplessis-Mornay, d'après du Ferrier, ambassadeur de France à Venise. Voir DE THOU, *Histoire universelle*, tome VII, p. 63.

[2] Emmanuel-Philibert à Damville, de Ferrare, 31 juillet 1574, B. N., F. F. 3194, et Henri III au même, du 1er août, 3320, f. 40.

[3] Emmanuel-Philibert à Damville, de Turin, 18 août, B. N., F. F. 3250.

[4] Catherine à Cheverny. B. N., F. F. 6625.

guère sur l'inutilité de la négociation. « Jay sceu par la lestre du Roy Mons. Mon Fils, lui écrit-elle de Nogent-sur-Seine, le 11 août, qu'il trouvoyt bon que eussions la paix au condition que luy mandes, mays jay grand peur que tout aille à ceste court en fumée [1]. » On le voit, ce qu'exigeait Catherine de Cheverny, c'était qu'il lui ramenât promptement son fils soumis, asservi à ses desseins et complètement débarrassé des influences auxquelles elle redoutait si fort de le voir s'abandonner. Catherine n'eut pas à se repentir de l'avoir choisi : à force d'obsessions, Cheverny parvint non seulement à convaincre le roi de la nécessité de ne prendre aucune mesure relative aux affaires du royaume avant d'avoir consulté la reine-mère, mais encore à dissiper dans son esprit l'heureuse influence qu'il rapportait d'un voyage où les bienfaits de la tolérance l'avaient visiblement frappé. Inutile de dire après cela dans quelle perplexité jeta le nouveau roi l'arrivée de Damville. La reine-mère avait encore ajouté à ses embarras en lui écrivant : « Si le Maréchal vous aloyt trouver avecq layde de Mons. de Savoie je prevoys que vous aporteres la paix, mays prenes garde à une tresve, car elle seroyt plus pour eulx que pour nous ayant a ceste heure nos forces et eulx point [2]. » Forcé dès lors de se résoudre à une entrevue d'autant plus délicate que divers princes allemands lui avaient recommandé leurs coreligionnaires de France, Henri III accueillit favorablement Damville ; il lui exprima ses sentiments d'estime envers la maison de Montmorency, son plaisir de le revoir après cette longue absence ; l'ayant fait coucher dans sa chambre, il écouta avec douceur les explications qu'il lui donna de sa prétendue complicité avec les réformés, rejetant en termes voilés sur l'intransigeance de la reine-mère la responsabilité des troubles qui avaient éclaté en Languedoc et en Provence. Mais lorsqu'il se fut agi entre eux d'aviser aux moyens de remettre toutes choses en ordre et que le maréchal l'eut serré d'un peu plus près, le malheureux roi, ballotté entre les secrets élans de sa conscience et

[1] B. N., F. F. 6625.
[2] B. N., F. F. 6625, fol. 48.

les objurgations incessantes de Catherine, ne trouva d'autre
remède à l'embarras de sa situation que d'appeler son bon oncle
de Savoie à ses conférences avec Damville. Le duc, poursuivant
en silence une politique à laquelle les circonstances se mon-
traient si favorables, n'eut garde de décliner une invitation qui
lui livrait sans force et sans volonté ce petit-fils de François Ier
et lui donnait la haute main dans la conduite des pourparlers
engagés sous ses auspices, dans son palais même, entre le roi et
le maréchal. D'un côté, il poussa Henri III dans la voie des
concessions sans lesquelles, essaya-t-il de lui faire comprendre,
son avènement au trône allait être soumis aux plus graves périls ;
de l'autre, il s'efforça de persuader à Damville que le roi était
animé envers lui des meilleurs sentiments, qu'il lui voulait du
bien en toute sincérité, et lui rappela qu'étant le roi il avait
droit à l'obéissance de tous ses sujets ; puis, comme l'avait
insinué Catherine, il lui proposa finalement de l'accompagner à
Lyon, où il serait toujours sous sa garde, et où les négociations
pourraient sans doute être menées plus activement qu'à Turin.
A la suite de ces instances, Damville parut un moment disposé à
suivre le roi auprès de la reine-mère. Cheverny le crut si fer-
mement qu'il l'écrivit incontinent au duc de Nevers, gouverneur
des places que la France occupait encore au Piémont [1] ; mais
comme le bruit s'était répandu que les pourparlers engagés par
les émissaires de Catherine n'avaient d'autre objet que de
l'attirer à Lyon pour l'y retenir prisonnier, Damville, rompant
soudain toute tentative d'accommodement avec la cour, s'enfer-
ma dans le château de Turin, résolu à n'en sortir que pour
aller se joindre aux rebelles, adhérer à l'Union dont il s'était
toujours éloigné et se préparer à la guerre [2].

Cependant restait encore quelque espoir d'arriver à un arran-
gement, puisque Catherine avait exprimé le désir dans sa corres-

[1] B. N., F. F. 3961.
[2] Voir dans *les Négociations diplomatiques de la France avec la Toscane*, par
DESJARDINS, Paris, 1872, les dépêches de Vincent Alamanni au grand-duc
de Toscane, de Lyon, août et septembre 1574.

pondance avec Cheverny que les négociations se poursuivissent
à Lyon et que le duc de Savoie y vînt de son côté, si la paix ne
pouvait être obtenue à Turin [1]. Un intérêt si puissant poussait
Emmanuel-Philibert, comme on va le voir, à donner à la reine-
mère cette nouvelle marque d'attachement aux intérêts de son
fils qu'il se résigna, quelque peine qu'il lui en coûtât, à laisser
la duchesse, sa femme, souffrante à Turin — et il ne devait plus
la revoir — pour accompagner le roi de France dans ses États.
Mais auparavant, afin d'amener le roi à une appréciation plus
saine de ses propres intérêts, il se décida à tenter un suprême
effort sur son esprit vacillant, et ce par l'intervention de cette
princesse, secrètement acquise à la Réforme et tendrement
aimée du roi son neveu. En devenant duchesse de Savoie après
la paix de Cateau-Cambrésis, dont elle avait été le gage précieux,
Marguerite de France s'était appliquée à seconder de toute son
affection pour le duc son époux les efforts persévérants d'une
politique qui avait pour objet l'indépendance complète du Piémont et de la Savoie à l'égard des États voisins. Essayant
d'inculquer à Henri III les sentiments qu'elle partageait elle-
même en matière religieuse, elle lui parla des malheurs qui
achèveraient la ruine de son royaume s'il n'arrivait à une
prompte paix avec les protestants, tandis que le duc venant à
la rescousse évoquait la perspective d'un prêt d'argent qui
rétablirait les affaires en Pologne et de l'envoi en France de
quelques troupes qui, jointes à l'armée royale, aideraient à l'écra-
sement des factieux. Si illusoires que fussent ces promesses,
dangereuses même à plus d'un titre, le pauvre roi, succombant
aux obsessions d'ordres divers qui, de quelque côté qu'il se
tournât, s'étaient donné la tâche d'asservir son faible esprit,
ne trouva d'autre expédient pour remercier ses excellents
parents des tendres soins qu'ils prenaient à ses intérêts que
de leur abandonner dans une heure d'affolement les dernières places que nous possédions encore de nos conquêtes en

[1] Le roi à Damville, de Lyon, le 7 septembre 1574. B. N., F. F. 3320.

Italie [1]. Triste début, pensera-t-on, d'un règne qui devait être si troublé par la suite ; mais en livrant son fils pieds et mains liés au vainqueur de Saint-Quentin pour ressaisir l'autorité qu'un instant elle faillit perdre, n'est-ce point à Catherine qu'incombe la plus large part de responsabilité dans cette coupable politique !

III

Au milieu de ces agitations, Henri de Valois n'avait pas complètement oublié la Pologne. Moins par amour du pouvoir que par légitime fierté il tenait à conserver une couronne qui assurait à sa maison un si haut prestige aux yeux de l'Europe entière. Mais, soit que l'importance des troubles de France lui parût reléguer au second plan les affaires de ce royaume, soit que les adulations qui lui avaient été prodiguées et que les réjouissances par lesquelles on avait célébré son passage à travers les joyeuses et brillantes cités italiennes eussent encouragé ses dispositions à la mollesse, il ne prit aucune des mesures qui pouvaient le conduire à son but. S'il est vrai qu'il fit des démarches auprès de l'Empereur et qu'il écrivit au Sultan, ainsi qu'aux rois de Suède et de Danemark, pour les détourner de toute entreprise contre sa couronne élective, d'un autre côté il froissa vivement les Polonais en s'étonnant dans les lettres qu'il leur adressa de Vienne et de Ferrare [2] des résistances qu'ils avaient opposées à son départ et en leur rappelant assez légèrement qu'ils lui devaient obéissance sans rien avoir à changer à l'état dans lequel il avait laissé le royaume. Ce langage était d'autant plus imprudent que la Pologne se trouvait jetée par sa faute dans un profond désordre et qu'il le tenait à un moment où Danzay [3], demeuré par son ordre à Cracovie pour fournir au

---

[1] Pignerol, Pérouse et Savillan qui avaient été cédées à la France par le traité de Blois (12 décembre 1562).

[2] British Museum, à Londres, mss. vol. 8778, fol. 61 et 109.

[3] Ambassadeur de France en Danemark, Danzay avait été appelé par le roi à Cracovie pour régler quelques différends entre la Pologne et le Danemark.

Sénat les explications qui pouvaient excuser la hâte de son départ, avait tant de peine à se faire écouter.

En effet, sa fuite n'était pas plus tôt connue à Cracovie qu'elle y provoquait une vive indignation contre les Français restés dans la ville, pendant que le Sénat s'assemblant sous le coup de l'émotion générale décrétait la convocation d'une diète où serait examinée la question de savoir si l'on procéderait tout de suite à une nouvelle élection ou si, comme le proposait Danzay, on attendrait ses instructions.

La diète s'étant réunie le 23 août à Varsovie, les députés de la noblesse et le clergé s'y montrèrent profondément divisés sur la décision à prendre, mais en parfait accord quant à la nécessité de constituer promptement un gouvernement qui pût, en l'absence du roi, vaquer aux affaires les plus urgentes, et notamment assurer la défense des frontières menacées d'une invasion moscovite en Livonie par l'expiration de la dernière trève[1]. Les débats furent courts, mais agités : aux quatorze arguments présentés par la noblesse en faveur d'une nouvelle élection, le clergé, qui ne voulait pas encore s'associer à une mesure aussi grave, en opposa quatorze autres, si bien que la discussion aurait pu se prolonger indéfiniment et sans rien statuer si, à la parole du primat de Pologne, archevêque de Gniesne, l'Assemblée n'eût marqué la ferme confiance qu'elle portait encore au roi fugitif en le conviant à une diète qui se tiendrait le 12 mai 1573, à Stenzyca, dans le palatinat de Sandomir, et où se réglerait, s'il n'y paraissait pas, la dévolution du pouvoir. Après avoir décidé l'envoi d'une ambassade chargée d'annoncer au roi ces dispositions, elle se confédéra, c'est-à-dire se déclara en permanence afin d'assurer le maintien de l'ordre public et l'administration du pays.

Le roi de Pologne était depuis quelques jours auprès de la reine-mère à Lyon, lorsqu'il apprit par des Polonais qui l'avaient rejoint en France la décision du Sénat. Dès qu'il la connut, pris

---

[1] Conclue en 1570 entre Sigismond-Auguste et Jean le Terrible.

d'une soudaine affection pour sa couronne élective par un de ces brusques revirements auxquels le portait l'inconstance de sa nature, il organisa sa cour à la polonaise, déclarant qu'il voulait mourir roi de Pologne, et qu'il allait appeler auprès de lui plusieurs seigneurs de cette nation avec lesquels il formerait un conseil spécial pour les affaires de ce royaume[1]. Catherine n'avait rien de bien sérieux à objecter à ce caprice d'une heure qui laissait le champ libre à ses intrigues. Grâce au retour de son fils, elle avait repris le timon du pouvoir, et comme le nouveau conseil royal l'avait investie d'une autorité absolue dans la conduite des opérations projetées contre Damville et les protestants, peu lui importaient les fantaisies du roi et les reproches que lui attirait à son entrée en France cette introduction d'usages étrangers à la cour. Les cessions à la Savoie et la précipitation d'Emmanuel-Philibert — qui n'avait pu dépasser Chambéry où il avait appris la mort de la duchesse sa femme — à envoyer à Lyon des commissaires pour régler promptement la question, l'avaient quelque peu troublée ; mais du moment où le mal était fait, la neutralité du duc dans la lutte qu'elle allait engager contre les huguenots lui semblait d'un bon augure.

De même qu'Henri III, elle sentait qu'il y avait quelque chose à faire pour conserver la Pologne et sauvegarder la dignité royale. Toutefois, plus impatiente que réfléchie, elle s'irritait des sentiments d'indépendance qui s'étaient manifestés dans la république après le départ du roi. Aussi lui suggéra-t-elle, avec la légèreté qu'elle apportait aux affaires qui ne la touchaient que de fort loin, l'idée irréalisable dans les circonstances, chimérique en tout temps, de gouverner la Pologne au moyen d'un vice-roi jusqu'au jour où la succession au trône se trouvant assurée par la naissance d'enfants royaux, il pût renoncer à sa couronne élective en faveur du second de ses fils. A l'entendre,

---

[1] Alexandre PRZEZDZIECKI, *Quatre femmes de la maison des Jagellons*. (Relation de Mathieu Weggierski du 9 octobre 1574, de Posen, à son retour de Lyon, sur ce qui s'est passé à Lyon au retour du roi de Pologne.) Voir aussi la lettre de Jean Regnaut à Claude Dupuy, du 13 septembre 1574. B. N. E. Dupuy, n° 712, f. 45.

l'évêque de Valence, ou le sieur de Saint-Gelais, dit le jeune Laussac, que leur précédente ambassade avait mis hors de pair, se trouvaient indiqués pour remplir l'un ou l'autre cette négociation. A leur défaut, s'ils craignaient de compromettre l'éclat que leur avait acquis le succès de l'élection d'Henri de Valois en s'aventurant sur le terrain défavorable où elle essayait de les attirer, Pibrac et Bellegarde, dont elle tenait à se débarrasser pour les raisons que nous avons exposées, seraient toujours là, pensait-elle, pour tenter l'épreuve.

Gouverner par un vice-roi et jouir des prérogatives de la royauté en Pologne tout en restant en France, c'était là un expédient qui ne pouvait déplaire au roi et qu'il se réservait en secret pour le cas où quelque danger menacerait sa souveraineté. Il avait espéré pendant son voyage et à son entrée en France que les États de Pologne et de Lithuanie lui enverraient promptement des ambassadeurs par lesquels il continuerait à gouverner la Pologne et le Grand-Duché; et quand à leur place il reçut l'avis inquiétant de la convocation d'une diète à Varsovie, où son autorité pourrait être remise en discussion, il leur écrivit, dès le 12 septembre [1], une longue lettre dans laquelle, en leur reprochant de le négliger complètement, il leur déclarait, sans parler de son retour, « qu'il sanctionnerait volontiers tout ce qu'ils décideraient quant à la sécurité du pays; qu'aucun danger ne menaçait d'ailleurs la Pologne, grâce à ses démarches auprès de l'Empereur, du Sultan, des rois de Suède et de Danemark; que son union avec la nation pouvait seule assurer l'avenir en toute éventualité, et que par contre le désaccord entre les deux pouvoirs, comme le manque de respect à l'autorité royale, précipiteraient aussi bien la Pologne que le reste de la chrétienté dans d'effroyables désastres ». Pour faire parvenir cette lettre aux États de Pologne et de Lithuanie et rétablir sa fortune chancelante, il ne rechercha point un ambassadeur qu'il n'eût peut-être point trouvé, car en vérité la charge n'était guère tentante, et il

[1] B. N. Imp. L⁵ 34. 71.

lui parut préférable de s'adresser à quelque confident intime, sorte de fondé de pouvoirs, qui acceptât à ses risques et périls, sans caractère diplomatique, la lourde tâche de retenir, comme l'avait essayé Danzay, les Polonais dans le devoir et l'obéissance, jusqu'à ce qu'il devînt dangereux pour sa couronne élective de laisser plus longtemps les choses dans cette incertitude.

En cette occurrence il arrêta son choix sur d'Espeisses, dont il connaissait la facilité merveilleuse à s'assimiler les usages des Polonais et, avec le latin qui leur était si familier, à parler leur langue. Hardi, ambitieux, habitué à penser que « toult estoyt possible a qui vouloist mestre peyne à quelque chose [1] », d'Espeisses se recommandait autant par les services qu'il venait de rendre à la reine-mère que par l'intérêt qu'il avait pris aux affaires du roi en Pologne pour une mission qui se présentait sous d'aussi singuliers aspects. S'offrit-il de son plein gré ou se vit-il sans déplaisir condamner à débrouiller une situation si compromise? Nous ne saurions dire. Qu'on ne croie pas cependant que la présomption seule ait poussé d'Espeisses à se jeter tête baissée dans l'aventure et qu'il se soit inconsidérément fié à sa connaissance des affaires de Pologne et à ses relations avec les principaux seigneurs du royaume pour nourrir l'espoir d'arriver par ses seules forces à un heureux résultat. Bien au contraire, il sentait à tel point, et pouvait-il en être autrement après son séjour en Pologne, les conséquences fatales de l'équivoque qui s'était glissée dès le premier jour entre le roi et ses sujets protestants qu'il n'hésita pas à solliciter l'autorisation d'assurer la paix aux dissidents [2].

Ses vives instances décidèrent le roi à lui remettre une note en sept articles qui édictait, à la vérité, d'utiles mesures quant à

[1] Voir Gillot, lettre à M. de Sainte-Marthe, historiographe de France, B. N., F. F. 23045, f. 83 f.

[2] A la diète du couronnement (mars et avril 1574) à Cracovie, les dissidents avaient sommé Henri de Valois d'exécuter les articles jurés à Paris et les conditions mises à son élection. Mais sur la difficulté d'établir l'accord entre les Polonais eux-mêmes, on avait ajourné au mois de septembre la décision à prendre à cet égard.

la sécurité des frontières et à la tranquillité intérieure du royaume, puisqu'elle renfermait une clause formelle au sujet des concessions sur lesquelles se fondait d'Espeisses pour entreprendre sa négociation, mais ne fixait aucune date à son retour. Ce document n'était pas destiné à la publicité comme la lettre du roi aux États; ce n'était pas non plus une instruction dans le vrai sens, mais une lettre d'introduction qui devait servir à d'Espeisses dans ses visites aux principaux officiers de la couronne et aux chefs les plus influents du protestantisme, et, d'une manière générale, qu'il pouvait montrer, lire et communiquer en copie, selon les cas et comme il lui conviendrait. En voici le texte :

1° Le roi ne peut revenir en Pologne à cause des troubles de France;

2° Les principales forteresses du royaume, et notamment celles qui sont situées sur les confins de la Silésie, seront soumises à l'autorité du roi;

3° Le roi approuve les articles de Paris et la nouvelle forme de serment pour apaiser les esprits des nobles;

4° En cas de vacance des dignités et offices la noblesse présentera quatre candidats parmi lesquels le roi choisira le titulaire;

5° Le roi enverra de l'argent pour payer les soldats et les gardes du corps, à condition que les capitaines soient nommés par lui;

6° Les soldats et gardes du corps devront empêcher toute nouvelle élection par voie de protestation, et au besoin par les armes;

7° Les revenus royaux seront administrés de manière à suffire à toutes les dépenses ordinaires et extraordinaires du royaume.

Muni de cette pièce, d'Espeisses quitta Lyon le 26 octobre et prit sa route vers l'Allemagne par la Suisse pendant que la cour procédait à ses préparatifs de guerre contre les protestants.

IV

Arrivé à Vienne le 8 novembre, d'Espeisses y reste le temps de faire la révérence à l'Empereur, qui évite de lui parler des affaires de Pologne, et il se hâte de gagner Cracovie, où, d'après les bruits qu'il a recueillis dans la ville impériale, une émeute menace de troubler l'ordre. « Nous avons sceu ici, mande-t-il le 10 à Bellièvre[1], des nouvelles du tumulte qui sest mené à Cracovie pour raison de la maison des calvinistes qui fust démolie par les escolliers et quelques aultres habitans dudict Cracovie. On impute cella à quelques grans quon dist sestre eforcés de mettre en combustion le païs pour fayre place à quelquung des voisins, lequel ils seroyent bientost incitez deslire, sils voyaient la fin en leur maison à l'exemple des dictateurs quon eslisoit à Romme *in urgentibus periculis.* Toutefois cella ne sont que discours. »

En effet, s'agite-t-on en faveur d'un Piast, de l'Empereur ou de quelque autre prince? Veut-on, sous prétexte de religion, pousser les choses à bout et amener par la violence la nation à se prononcer contre Henri de Valois? Voilà ce qu'il importerait de savoir, pense d'Espeisses, pendant qu'il se dirige sur Cracovie, où il arrive quatre jours après son départ de Vienne. Là, on lui confirme que tout en déniant à la Diète de Varsovie les pouvoirs qu'elle s'est arrogés, les Lithuaniens se montrent comme leurs frères de Pologne acquis à l'idée d'une nouvelle élection, au cas où le roi ne reviendrait pas, ce à quoi on s'attend non seulement en Pologne, mais encore ailleurs. A Venise, par exemple, où on a coutume d'être bien informé, du Ferrier le déclare formellement à Henri III le 7 novembre : « A-t-on escrit la poursuite de ceulx qui briguent pour eslire un nouveau Roy de Pologne à vostre place, sous couleur que les guerres de France empescheront longtems vostre retour audict Pologne[2]. » Mais il s'empresse d'ajouter sur un ton plus confiant : « Les Estats néanmoyns dudict païs demourent fermes en leur première délibération qui est d'attendre le retour des ambassadeurs qui doibvent aller vers vous. » Dans une autre lettre, le 27 du même mois, il montre les petits princes aussi agités que

[1] B. N., F. F. 15903.
[2] B. N., F. F. 16081.

les grands : « Le Duc de Ferrare continue ses brigues et se dist toult publicquement à Ferrare quil sera eslu Roy de Poulogne. Jay sceu que son Ambassadeur a esté envoie en pareille diligence en Poulogne, quil en estoyt parti pour icy dire de bouche ce quil navoyt vouslu comestre a lettres ni messagers et na, comme se dyst, compétiteur que l'Archiduc, frère de l'Empereur. » Dans cette situation incertaine, d'Espeisses, dont la perplexité grandit au fur et à mesure qu'il interroge, affirme volontiers que l'on ne doit pas douter du retour du roi et insiste pour provoquer un ajournement des comices ; dans son zèle, il déclare que le roi est résolu à suivre une politique de paix à l'égard des dissidents et à accepter la nouvelle forme du serment.

Après quelques jours employés à se renseigner, il court à Skierniewice où réside en ce moment le primat de Pologne[1], à qui, selon l'usage, chacun s'adresse pour les affaires de sa charge en cas d'interrègne, de mort ou d'absence du roi. Il y arrive le 10 décembre et remet au prélat la lettre de Henri de Valois pour les ordres de Pologne et de Lithuanie, en le priant d'en faire distribuer des copies aux Palatins, Castellans et autres dignitaires du royaume. Cette lettre répondait en tous points aux dispositions présentes d'Uchanski à l'égard du roi dont il avait servi de son mieux les intérêts à la diète de Varsovie. Dès qu'elle fut connue dans les palatinats, elle encouragea les sentiments de ceux qui continuaient, malgré les intrigues contraires, à soutenir le parti du roi ; elle laissait toutefois dans l'ombre la solution du problème que chacun se posait : le roi reviendra-t-il avant les comices ? accordera-t-il la paix aux dissidents ? et prolongeait l'incertitude en dépit des assurances verbales de d'Espeisses.

L'important pour d'Espeisses était moins de chercher à dissiper les inquiétudes — et comment y fût-il parvenu ? — qu'à amuser les esprits jusqu'à ce qu'il se produisît dans les affaires

[1] Jacques Uchanski, archevêque de Gniesne.

de France quelque éclaircie de bon augure qui lui permît de
tenir un langage plus positif. Abstraction faite de la question du
retour, la note qu'il avait arrachée au roi remplissait d'autant
plus exactement ses intentions sur ce point qu'elle montrerait aux
protestants Henri de Valois disposé à leur faire les concessions
demandées, pendant qu'il entretiendrait les catholiques dans
l'espoir qu'il n'y serait pas donné suite. Aussi, après l'émeute de
Cracovie crut-il opportun d'en faire connaître l'objet, comme
pour tâter le terrain, au primat, au nonce Vincent Laureo[1] et à
Pierre Zborowski, palatin de Cracovie et Sandomir, un des
chefs du protestantisme en Pologne.

On se représentera quelle dut être la pensée du nonce, qui
combattait de toutes ses forces les progrès de la Réforme, en
voyant à quelles démarches se livrait d'Espeisses, par l'extrait
suivant d'une lettre qu'il adressait au secrétaire d'État du Saint-
Siège le 20 décembre : « Eh bien ! le voilà retombé sous l'influence de ses conseillers français qui voudraient gouverner ici
comme on gouverne là-bas en acquiesçant à toutes les exigences
de la Confédération, telles que l'article qui vise la paix et la tranquillité parmi les dissidents et la nouvelle forme du serment absolument contraire à l'autorité ecclésiastique et royale ; tout cela
parce qu'il leur suffit que le roi conserve ce nom avec le droit
de conférer les dignités ecclésiastiques et civiles ainsi que les
grades militaires. M. d'Espeisses me l'a écrit et l'a confirmé
verbalement à mon secrétaire, que j'avais envoyé le visiter ;
pour l'heure il n'est occupé qu'à faire connaître cette volonté du
roi dans les milieux où il fréquente en essayant de faire ajourner la date des comices et en assurant que le retour du roi est
tout à fait certain. Je le vois sans déplaisir entretenir le peuple

[1] Évêque de Mondovi en Piémont et nonce apostolique en Pologne de 1574
à 1578. Pendant sa mission il s'attacha avec succès à mettre en vigueur les
décrets du concile de Trente et à obtenir l'annulation de la grande confédération de Varsovie (1573) qui assurait la liberté de conscience aux dissidents. Sa correspondance a été publiée par M. Th. Wierzbowski, professeur
à l'Université impériale de Varsovie. Varsovie, imp. Joseph Berger, rue
Électoralna, 1887.

dans cet espoir en tant qu'il s'agit de calmer les passions; mais si ses promesses se réalisaient, j'y verrais avec peine une cause de ruine pour la Religion et l'État, pendant que le roi y trouverait le moyen de gouverner la Pologne en restant en France. Toutefois ce qu'il faut croire, c'est qu'on n'obtiendra pas la prorogation des comices, parce que les Polaques et les Lithuans sont d'accord, à ce qu'on dit, sur l'époque de la réunion de la diète [1] ».

Que le nonce vît ses projets dérangés par les manœuvres de d'Espeisses, que le péril si laborieusement conjuré par son prédécesseur [2] apparût de nouveau à ses yeux, nous l'admettrons aisément; mais la religion était-elle aussi menacée qu'il le disait ou feignait de le croire? En travaillant à la paix religieuse, d'Espeisses avisait à une urgente nécessité : non seulement il pensait, mais encore il voyait par lui-même ce que du Ferrier écrivait au roi de son observatoire de Venise : « Plusieurs de ces messieurs estyment que si les troubles de France estoyent apaisés, il seroyt aysé et facile à Votre Majesté de retenir ces deux royaulmes, chose qu'ils desyrent sur toutes aultres pour la grandeur et réputation vostres. Aussy ont-ils eu advertissement que ceulx qui poursuyvent leslection sont protestants, sans lesquels les afferes saccomoderoyent plus aysément [3]. » Ces concessions n'empêchaient pas, d'ailleurs, de protéger les intérêts exclusifs du catholicisme; Catherine ne le montrait-elle pas tous les jours, en recherchant la neutralité des protestants en Suisse, en Allemagne et aux Pays-Bas pour les mieux combattre en France !

Ce sont précisément ces manœuvres à double fin qui déplaisaient à Vincent Laureo. L'opportunisme ne lui allait guère :

---

[1] Vincent Laureo au cardinal de Côme, 20 décembre 1574, n° 38 (traduit de l'italien).

[2] Pendant sa mission en Pologne, le cardinal Commendone s'était appliqué à arrêter les progrès de la Réforme et à pousser l'Empereur et le roi de Pologne à la guerre contre l'islamisme. Vincent Laureo suivait avec succès la même politique.

[3] Du Ferrier au Roi, Venise, 17 nov. 1574, B. N., F. F. 19081.

ce qu'il aurait voulu — sa volumineuse correspondance en fait foi — ç'eût été un débarquement à Dantzig de quatre à cinq mille Gascons, auxquels, à son avis, n'auraient pas tardé à se réunir deux mille cinq cents cavaliers polonais, regardant un pareil acte de vigueur comme le seul moyen pour Henri III de conserver sa couronne et de maintenir les protestants dans le devoir. Sans examiner les chances de l'entreprise, on a lieu d'être surpris qu'un homme qui devait connaître l'état des affaires de France, puisqu'il était venu saluer le nouveau roi à son avènement au trône de Pologne, se laissât égarer dans de pareilles conjectures. La situation de la France s'aggravait chaque jour davantage et Henri III le constatait douloureusement dans cette lettre qu'il écrivait d'Avignon, le 20 novembre, à d'Espeisses : « Ne vouslant vous celer comme je suys venu ès-quartiers de deça pour estre plus prez de mes provinces affligez des troubles et y doner plus aysement ordre ainsy que jespere fayre bientost. » Dans ces circonstances pouvait-il dégarnir ses provinces françaises des troupes nécessaires à leur garde? Évidemment non.

De ce qui précède on peut conclure que Vincent Laureo ne refusait pas aux concessions promises par d'Espeisses l'apparence d'apporter un apaisement momentané à la surexcitation des passions religieuses en Pologne; mais cette illusion une fois dissipée — et à ses yeux c'en était une — restait pour lui le danger de voir la Réforme s'établir d'autant plus facilement en Pologne qu'en tenant ce langage d'Espeisses semblait reconnaître au nom d'Henri III, le roi très chrétien, l'acte le plus grave et le plus vivement attaqué de la Confédération de 1573.

Sur ces entrefaites l'ambassade chargée par la diète du 23 août d'aller notifier au roi la décision prise au sujet de son retour et lui remettre les réponses des états de Pologne et de Lithuanie à la lettre qu'il avait confiée à d'Espeisses se mit en route à la fin de décembre. Bien que les Lithuaniens n'eussent pas approuvé la précipitation avec laquelle le Sénat avait réuni la diète à Varsovie et qu'ils n'y eussent point envoyé de représentants, l'ambassade ne pouvait être divisée sur l'objet même de sa mission, qui consistait, d'un côté comme de l'autre, à déclarer au roi qu'on l'invitait à revenir parce que son absence exposait la couronne aux plus graves dangers de la part des princes voisins de la Pologne ; qu'en particulier le tsar de Moscovie, uni à l'hospodar de Valachie et au khan des Tatars de Tauride, faisait mine d'envahir la Lithuanie ; qu'en conséquence une diète avait été convoquée pour le 12 mai à Stenzyca, dans le palatinat de Sandomir, et que s'il n'y paraissait pas, ainsi qu'on l'y conviait humblement, on regarderait la prolongation de son absence comme une abdication qui forcerait de procéder à une nouvelle élection. Cette déclaration était trop conforme aux sentiments qui animaient la Pologne et la Lithuanie envers Henri de Valois pour qu'au départ de l'ambassade d'Espeisses n'exprimât pas formellement au roi ses craintes de voir la couronne passer sur une autre tête s'il laissait plus longtemps les Polonais dans l'ignorance de ses desseins. « Ce que jay peu aprendre de tous ceulx à qui jay peu parler, lui écrivait-il le 14 décembre, est qu'il est necessaire que, si Vostre M^{té} désire conserver cestuy Royaulme, de vous disposer d'y venir au XII de may. Il sera bon pour les afayres de Vostre M^{té} den fayre courir le bruict et mesme envoïer quelque Gentilhome par l'Allemaigne pour négocier vostre sauf conduict pour passer par icelle, affin que vos adversaires cessent leurs praticques, aultrement sçachant que vous ne vous y disposez, ils feront plus que jamais chose qui aporteroyt grand préjudice à vos afayres. Il plaira aussy à Vostre M^{té} denvoïer souvent des courriers icy et mesme fayre dresser postes depuis Vienne jusques à Cracovie. Vostre M^{té} donnera à cognoistre par ce moïen le grand conte qu'Elle tient de ce Royaulme [1]. » En même temps il lui indique, ainsi qu'il le lui a mandé précédemment, la prorogation des comices comme l'objectif de ses efforts en vue d'empêcher une nouvelle élection et sollicite, à cet effet, une somme d'argent pour ranimer

---

[1] B. N., F. F. 4736. Ce fonds renferme une vingtaine de lettres de Pibrac et de d'Espeisses au roi que nous avons lieu de croire inédites.

l'ardeur de ceux qui ne l'avaient pas complètement abandonné.
Par malheur, et il avait pu s'en convaincre lui-même pendant son séjour en France, les dépenses occasionnées par la
guerre qui se poursuivait depuis tant d'années entre la cour et
les rebelles avaient tari à un tel point les ressources du Trésor
qu'afin de se procurer les fonds nécessaires à la reprise des hos-
tilités on en était réduit au plus honteux trafic des gouverne-
ments et des principales charges de l'État. Détail piquant cité
par l'Estoile dans son journal : au début de la campagne contre
Damville, le roi et Catherine s'étant mis en route pour Avignon,
« l'argent se trouva si court que la plupart des pages du roi se
trouvèrent sans manteaux, estans contrains de les laisser en
gaige pour vivre par où ils passoyent, et sans ung trésorier
nomé le Comte qui accomoda la reyne-mère de cinq mille francs,
il ne luy fust demouré ni dame d'honneur, ni damoiselle aul-
cune pour la servyr, comme estans réduites en extrême nécessité. On ne parloyt lors à la Cour que de ce diable d'argent
quon dysoyt estre mort et trepassé ». En cette extrémité d'Espeisses n'en persévéra pas moins à poursuivre les démarches
qu'il avait commencées à Cracovie et qui n'étaient pas restées
sans fruit, en attendant qu'il surgît quelque revirement favorable dans les affaires de France.

C'est pourquoi se détermina-t-il à entreprendre en plein
hiver et malgré l'exiguïté de ses ressources, le voyage de
Lithuanie pour visiter les principaux seigneurs du pays.
C'était d'ailleurs l'époque où commençaient à se réunir les diétines ou assemblées provinciales qui élisaient les députés aux
diètes générales, et il importait dès maintenant de compter les
partisans du roi et de les organiser pour la grande lutte du
12 mai. « On dit, écrit le nonce le 12 janvier 1575, que
M. d'Espeisses a été en Prusse et de là a pris la direction de la
Lithuanie et de la Russie pour pousser les esprits à la prorogation de la diète et à la dévotion au roi. Plaise à Dieu que cette
fatigue ne soit point inutile, comme quelques-uns le craignent,
d'autant plus que les hérétiques sont fort bien instruits de ce

qui se passe en France par leurs coreligionnaires, qui représentent toujours leur cause comme en très bon état [1]. » Si, avec sa connaissance de la situation présente des affaires en Pologne, le nonce affectait de fonder peu d'espoir sur les résultats du voyage, son langage n'en laissait pas moins percer la crainte que les promesses de d'Espeisses aux dissidents ne vinssent à se réaliser et ne l'obligeassent, sans toutefois entrer en lutte directe avec le parti français, à appuyer la candidature de l'archiduc Ernest, frère de l'Empereur. Dans cette alternative embarrassante, rendons cette justice à Vincent Laureo qu'il se garda soigneusement de travailler en faveur de tel ou tel prétendant aussi longtemps que le délai accordé à Henri de Valois pour se présenter à la diète de Stenzyca ne fut point expiré. Un double motif le retenait dans l'expectative : d'abord la candidature de l'archiduc Ernest rencontrait trop d'opposition dans la masse de la nation, profondément attachée à l'indépendance de la Pologne vis-à-vis de l'Empire germanique, pour qu'un homme aussi avisé que le représentant du Saint-Siège lui accordât sur l'heure et sans réserve son appui. Persuadé d'autre part que la présence du roi aplanirait les difficultés pendantes, se flattant peut-être de reprendre sur lui l'ascendant grâce auquel il l'avait détourné de ratifier à son arrivée en Pologne les articles relatifs à la paix avec les dissidents, le nonce se plaisait à espérer qu'Henri de Valois reviendrait à temps pour la diète ou obtiendrait un nouveau sursis en faisant sentir aux Polonais l'importance de ses bienfaits. Un autre objet attirait encore l'attention du nonce, car il y voyait un danger aussi grave pour les intérêts de la religion et de la chrétienté tout entière que les vagues promesses de d'Espeisses. C'étaient les efforts du parti Piast ou national pour porter à la couronne un des siens, tels que le palatin de Sandomir ou celui de Podolie, dont l'avènement eût entraîné, croyait-il, une alliance avec la Porte ottomane contre l'Empereur ou le Grand-Duc de Moscou. De cette alliance entre

[1] Vincent Laureo au cardinal de Côme, Skierniewice, 11 janvier 1575, n° 40.

un peuple chrétien et l'islamisme après la victoire de Lépante
qui a sauvé la chrétienté, le nonce ne peut entendre parler sans
colère, et on le voit, en parcourant sa correspondance avec sa
cour, aussi occupé à observer les progrès du parti national qu'à
suivre les démarches de d'Espeisses.

V

Après avoir quitté le nonce à Skierniewice, résidence du
primat, d'Espeisses s'était dirigé vers la Prusse royale, où il
avait trouvé les esprits favorablement disposés envers le roi.
Incorporée au domaine de la Pologne, la Prusse royale, qu'on
appelait ainsi pour la distinguer de la Prusse ducale, fief des
margraves de Brandebourg, ducs de Prusse, sous la suzeraineté
polonaise, se trouvait par sa position à l'occident de la Pologne
et de la Lithuanie trop à l'abri des attaques dont ces dernières
avaient à souffrir pour que la fuite du roi eût provoqué parmi
ses habitants une alarme aussi vive que dans les autres parties
du royaume. Adonnés au commerce, séparés par les lois, les
mœurs, l'origine, acquis à la Réforme, les Prussiens ne demandaient qu'à se fier aux assurances apportées par d'Espeisses et
à soutenir la cause d'Henri de Valois dans la crainte que la
guerre ne vînt à sortir d'une nouvelle élection et qu'ils ne
fussent entraînés à y prendre part.

En Lithuanie, par contre, la scène changea complètement, et
d'Espeisses n'eut guère à se louer de l'accueil qu'il y reçut. Ce
n'était dans toute la noblesse — profondément troublée par l'apparition des bandes moscovites en Livonie et à la frontière
orientale du Grand-Duché — que récriminations violentes contre
Henri de Valois, auteur de tous les maux qui affligeaient la République. A la tête des principaux dignitaires de la couronne, la
puissante famille des Radziwill poussait de toutes ses forces à
une nouvelle élection, soit qu'elle suivît le parti de l'empereur,
soit qu'elle inclinât vers le choix d'un Piast en la personne d'un

de ses membres ou de ses nombreux protégés. Au milieu de l'effervescence publique, d'Espeisses eut même une altercation avec le duc d'Olyka, de la susdite maison, qui s'était refusé à l'entendre, le regardant presque comme un aventurier, parce qu'il ne pouvait présenter de lettres de créance. A une demande d'audience qu'il leur adressa, les sénateurs présents à Vilna répondirent en alléguant la peine qu'ils auraient à se réunir dans les circonstances actuelles et en l'engageant à venir les voir séparément s'il avait quelque chose à leur dire. Seul, le vieil évêque Protaszewicz consentit à l'écouter avec les égards dus à l'agent du roi, et il quitta la Lithuanie sans avoir rien arrangé.

Quelque froissement que lui eût causé sa déconvenue, d'Espeisses n'en conserva pas moins une ferme ardeur à poursuivre sa tâche. A son retour en Mazovie il n'eut pas plus tôt appris en passant par Lublin, où il s'était arrêté chez le comte de Tenczyn, un des seigneurs les plus attachés au roi, la mort des castellans de Gniesne et d'Ostrorog, adversaires du parti français et principaux chefs du protestantisme, qu'il se décida à continuer son voyage jusqu'en Posnanie, afin de profiter du désarroi qu'un si grave événement devait à son avis avoir jeté dans les rangs des partisans d'une nouvelle élection. Mais auparavant eut-il soin de faire connaître à Bellièvre [1], devenu surintendant général des finances, ses impressions sur la situation, et dans cette prose écrite au galop, pendant une halte chez un ami, à Zwolen, petite ville entre Lublin et Radom, éclate au milieu de menues phrases nerveuses et saccadées l'impatience qui le ronge : « Après mon long voïage de Lithuanie je me suys rendu à Lublin où j'ay veu le comte de Tenczyn et le sieur Alamany, et ayans reporté au butin tout ce que nous avons peu aprendre tant de cousté que d'aultre, enfin nous avons résolu que le seul espédient de retenir le royaulme est celluy que jescrys au Roy et se nest sans hasard, car vous ne scauries croyre comme les personnes abhorrent quand on leur demande sils se pourroyent

---

[1] Faye à Bellièvre, Zwolina, 22 févr. 1575, B. N., F. F., 15903.

accommoder pour ung tems à l'absence du Roy. La raison est
que la menue noblesse enrage que quelque roy belliqueux les
mesne à la guerre et aïant esleu cellui-cy soubs ceste espérance, et sen voïant frustré, elle sort hors des gonds que de raison. Je vous prye, Monseigneur, de dyre au Roy qu'il se résolve
ou de suyvre mon conseil ou de fayre estat quil perd ce
royaulme et me fayre ce bien que de madvertyr de sa resolution,
car en une telle assemblée de noblesse qui se fera au douzième
de may et quon esmeut de tous costés je ne scay si y pourroy
paroistre sans danger. Je vous prye de fayre en sorte que mihi
consulatur quand le roy considerra le conseil que je luy donne
il ne le trouvera trop esloigné que ce tems estoyt, et ne scait-on
ce que Dyeu luy inspirera dans ung an peut estre pour le bien
de toulte la chrétienté...

« Si le roy veult satisfayre à mon conseil, il est besoing d'une
estreme célérité ou d'abandoner toult ; sil y avoyst espérance de trouver quelque aultre moïen de fayre ses afferes je
le luy bailleroys, mays je nen veoy poinct ou il nayt de la trom-
perie. »

Cette lettre à peine terminée, d'Espeisses se remet en route
et arrive, le 27 février, à Skierniewice où il passe quatré jours
auprès du nonce. De là il expédie en France un secrétaire
de la reine-mère, M. du Val, qui l'avait accompagné dans son
voyage, avec sa lettre pour Bellièvre et une autre pour le roi,
où il insiste plus vivement encore sur son retour : « d'aultant
que cella ne se peut fayre sans la pacification des troubles, ils
disent — les partisans du Roi — que Vostre M^te ne doibt fayre
difficulté de les apaiser, voire en donnant à ceulx qui troublent
la France plus qu'ils ne demandent et que Vostre M^te ne doibt
craindre de s'incommoder pour retenir un tel Royaulme qui, uni
avecq la France vous peult aporter la Monarchie du Levant par
le moien d'une ligue que Vostre M^te feroyt avecq les aultres
Chrestiens, au demeurant que Vostre dicte M^te pourroyt avoyr et
mener avecq soy ceulx de qui Elle se défieroyt, laissant pour
ung tems le gouvernement de la France à la Royne Vostre

Mère[1]. » Mais ne comptant guère sur l'effet de ses paroles, parce qu'il le savait peu disposé à revenir et que les troubles de France ne s'apaisaient pas, il le conjurait d'envoyer quelque autre personnage avec trois à quatre cent mille ducats, sans lesquels on ne parviendrait jamais à obtenir l'ajournement de la diète. Toutefois au milieu de ses épreuves journalières s'acharnait-il à son œuvre sans la moindre défaillance, et aux reproches du nonce qui s'efforçait de le convaincre qu'en acquiesçant aux exigences des protestants le roi déchaînerait la guerre civile en Pologne et perdrait honteusement la couronne en peu d'années, il répondait, à la grande colère de son hôte, qu'il valait mieux la conserver pendant quelque temps que de la perdre sur l'heure et qu'il pourrait surgir telle ou telle éventualité qui permettrait de la garder pour toujours.

A Posnan, où il arriva le 10 mars, c'est moins par la mort des castellans de Gniesne et d'Ostrorog que par les débats d'un procès en adultère qui divisait la noblesse en deux camps et avait attiré une foule de seigneurs sur les lieux, qu'il trouva les esprits agités. Ce fut pour lui l'occasion de s'entretenir avec les personnages les plus importants du pays, tels que les Czarnkowscy, Opalinscy, Gorka, Tomiscy, ces derniers fils du défunt castellan de Gniesne, et plusieurs autres qui lui exprimèrent leurs regrets du départ du roi et leur espoir de le revoir promptement ; quelques-uns même ajoutèrent qu'ils lui enverraient des députés pour connaître ses intentions. Après avoir recueilli ces renseignements plutôt satisfaisants, d'Espeisses reprit la route de Cracovie où devait se tenir au commencement d'avril l'assemblée ordinaire du Palatinat.

Pendant ce temps, Henri III, qui était parti d'Avignon dans les premiers jours de janvier, pour se rendre à Reims, où il devait être sacré selon l'usage, recevait en cours de voyage, les 19 janvier et 2 février, à Lyon et à Dijon, les ambassadeurs de Pologne et de Lithuanie envoyés auprès de lui pour lui exposer les

[1] B. N., F. F. 4736.

doléances de leurs compatriotes et lui faire connaître la décision
prise envers lui par la Confédération de Varsovie. Quelque peu
troublé par le tableau qu'ils lui firent de la situation de leur pays,
il leur répondit qu'il enverrait avant peu des ambassadeurs à la
diète de Stenzyca etprendrait les mesures nécessaires à la défense
du royaume. En effet, dès ce moment une correspondance plus
active et un peu plus nette qu'auparavant s'établit entre lui et la
Pologne. Non-seulement des courriers partent fréquemment de
France avec des lettres pour les seigneurs qui lui sont restés
fidèles ou qu'il importe de ménager; mais encore il fait rédiger
une instruction, en date du 28 février, que d'Espeisses devra
communiquer aux diétines qui s'assemblent dans les palatinats à
l'approche de la diète de Stenzyca. Cette instruction, qu'il confie
à un gentilhomme polonais [1], le sieur Jordanowski, qui l'a suivi
en France et possède sa confiance, porte en substance, mais
sans préciser encore l'époque de son retour : « qu'aussitôt l'instruction expédiée arriveraient des ambassadeurs avec des pleins
pouvoirs et de l'argent pour la solde et les pensions, qu'il convoquerait bientôt lui-même une diète, et qu'au cas où on persiste-
rait à tenir la diète de Stenzyca, on ne devait rien décider contre
son autorité, et que s'il ne pouvait revenir le 12 mai, il ne tar-
derait pas à suivre ses ambassadeurs. » Jordanowski, qui était
arrivé le 8 avril, visita d'Espeisses, le nonce [2], le comte de
Tenczyn, et partit ensuite pour la Lithuanie. Quelques semaines
après, un des serviteurs les plus dévoués que le roi possédât
encore en Pologne, Christophle Warszewicki, qui semble avoir
été pendant son séjour en France l'inspirateur de ces nouvelles
démarches auprès des Polonais [3], partait pour Dantzig afin de
secouer l'indifférence des Prussiens en les poussant à envoyer
des députés à Stenzyca ; en même temps que lui, deux autres
gentilshommes polonais parcoururent la Russie et la grande

---

[1] ORZELSKI, vol. II, p. 81.
[2] Le nonce au cardinal de Côme, à Skierniewice, 12 avril 1575, n° 50.
[3] Voir l'ouvrage du docteur WIERZBOWSKI sur Christophle Warszewicki.

Pologne avec des exemplaires de la même instruction pour les seigneurs et les assemblées de ces palatinats.

Il est donc incontestable que la cause d'Henri de Valois trouvait des partisans zélés parmi les Polonais, et s'il avait eu la force de se soustraire au joug de la reine-mère, peut-être n'eût-il tenu qu'à un accommodement avec les huguenots de lui conserver la couronne. Néanmoins, si l'instruction remise à Jordanowski pouvait montrer aux Polonais qu'il ne les abandonnait pas complètement, elle ne renfermait aucun avis positif sur le départ des ambassadeurs, le service de la solde et des pensions ainsi que son retour en Pologne. C'est pourquoi plusieurs de ceux qui étaient le mieux disposés à la prorogation de la diète se demandaient s'ils ne contribueraient pas, en suivant cette voie, à prolonger sans certitude quant au résultat final les dangers de la situation. En outre elle n'offrait pas à d'Espeisses, qui n'avait que son éloquence à opposer à l'hostilité croissante des adversaires du roi, les arguments qui lui eussent servi à démontrer que ses assurances n'étaient pas absolument vaines. Il sut toutefois en tirer un parti suffisant pour exposer à la diétine de Proszowice, le 13 avril, les raisons pour lesquelles on devait excuser la conduite du roi, attendre ses ambassadeurs et consentir enfin à la prorogation des comices [1].

Après avoir annoncé que Jordanowski lui avait apporté « cinq jours en ça » une instruction du roi [2], « Sa Majesté, leur dit-il

---

[1] Archives de Cracovie. Proszowice est une localité aux environs de Cracovie.

[2] Traduit du latin (voir BLAIZE, *Recueil de lettres*, Paris, 1635, B. N., t. 2123). A ce propos, il convient d'observer que de Thou, et après lui divers historiens français et polonais — notamment Rudzinsky — ont placé à tort cette harangue à la diète de Stezyca. Or, il n'est pas admissible que Jordanowski, dont l'instruction porte la date de 28 février, ne soit arrivé en Pologne que cinq jours avant le 24 mai, époque à laquelle d'Espeisses a, en effet, prononcé une harangue à la diète de Stenzyca. Comment, d'un autre côté, bien qu'il ne le nomme pas, le nonce aurait-il signalé son arrivée en Pologne dans sa lettre du 12 avril au cardinal de Côme? Au surplus, ORZELSKI rapporte dans son *Interregni Poloniæ libri VIII*, au t. II, p. 81, que « le Roi croyant qu'avant la diète de Stenzyca, il y aurait des diétines dans les provinces, remit à un certain Jordanowski une instruction pour d'Épeisses que celui-ci devait communiquer aux diétines ». On peut aussi consulter

en substance au milieu des cris de ceux qui lui réprochaient
de parler sans preuves[1], aurait désiré que vous n'eussiez pas
traité avec luy si précisément que de luy avoir fixé le 12 may
pour terme de son retour, mais que vous eussiés eu plus
d'égards aux importantes affaires qu'Il a eues en France, qui
ne souffraient pas que vous ussassiés de tant de rigueur à
son endroit, dont ses ennemis pussent prendre avantage en
éludant les plus justes conditions de paix par des difficultées
affectées, connaissant bien qu'en son absence il leur serait plus
aisé de troubler le royaume. Mais puisque c'est chose faite, Il
vous assure qu'Il reviendra vers vous, dès qu'Il verra que votre
disposition l'y obligera, peut-être plus tôt qu'aucun de vous
n'oserait espérer, et qu'Il n'a pas envie de vous laisser orphelins.
Mais parce qu'Il ne peut pas bien prévoir si pour les difficultés
que vous n'ignorez point Il peut se trouver ici à ce terme, en tous
cas Il est résolu d'y dépécher des ambassadeurs très qualifiés
qui peut-être sont déjà acheminés, par lesquels Il vous pourra
faire savoir au vrai le temps de son retour et ce pendant donner
ordre au payement des gens de guerre et des officiers de la cour
et régler tout ce qui est nécessaire pour maintenir la paix tant
dedans que dehors, comme vous-mêmes le trouverez à propos.
Donc Il vous prie, s'il se peut, que vous différiez ces comices de
Stenzik et que vous surseoyiez jusqu'à ce que, suivant l'ancien
style, Sa Sacrée Majesté, par ses ambassadeurs, vous en désigne
le jour et le lieu, auxquels Il assiste en personne. Mais si vos
intérêts ne souffrent pas de délai, je vous prie au moins que vous
apportiez des esprits si paisibles à conférer qu'il n'en résulte
aucune division dommageable pour vous et peu honorable à son
regard, que vous évitiez les changements qui ont accoutumé
d'être ruineux à toutes sortes d'États, et que vous considériez

ZAKRZEWSKI. *Après la fuite d'Henri*, Cracovie, chez Anczyc, 1878, p. 16 et 440,
qui soutient la même opinion. D'ailleurs, en comparant cette harangue avec
celle que d'Espeisses a prononcée à Stenzyca et que nous publions plus loin,
on verra clairement que leur objet diffère complètement en raison des circonstances et qu'elles ne sauraient être confondues.

[1] Le nonce au cardinal de Côme, à Varsovie, le 29 avril 1575, n° 52.

que rien n'est plus vrai que ce qui se dit ordinairement en blâme de ceux qui étant bien et cherchant d'être mieux trouvent le plus souvent leur malheur, vous considériez combien les discordes domestiques ont apporté de mal depuis trente ans à toute la chrétienté qui en est si abattue, dont vous seuls avez été exempts par une singulière grâce de Dieu, dont vous devez profiter à l'avenir, considérant qu'autant vous en pend à l'œil, si vous n'y prenez bien garde, ce que Dieu ne veuille, et ne vous imaginez pas ce que certains auteurs de séditions ont voulu persuader ailleurs que par quelque médiocre agitation comme par un remède un peu plus vigoureux les maux publics se devaient purger, mais plutôt vous vous persuadiez que de la moindre étincelle négligée il se peut former un embrasement universel et partant que vous évitiez tout ce dont se pourrait réussir division. » Malgré ses efforts pour pacifier les esprits et arriver à un accommodement, la noblesse du Palatinat, qui était résolue à observer la confédération de Varsovie, passant outre à ses sages exhortations, se sépara après avoir décrété qu'elle n'enverrait pas de députés à Stenzyca, mais s'y rendrait en masse comme aux jours d'élection, exemple qui fut, d'ailleurs, suivi dans les autres palatinats.

Au milieu des circonstances défavorables où se poursuivait sa mission, d'Espeisses, dont l'inquiétude augmentait à mesure qu'approchait le terme du 12 mai, reçut enfin, à la fin d'avril, les réponses du roi et de la reine-mère aux lettres qu'il leur avait fait porter par du Val à son retour de Lithuanie. Dans ces lettres en date du 30 mars, Henri III se déclarait satisfait des informations qu'il lui avait transmises sur l'état de son royaume et l'entretenait de ses entrevues avec les ambassadeurs de Pologne « qui sen estoyent alles gratifies de présens dignes et honestes, qui ont monté pour chacung à la somme de mil escus, qui sont deux mil et a en esté baillé mil aultres aux gentilshommes venus avecq eulx afin de leur doner tanlt plus doccasion de fayre pour moy tous bons officiers ». Puis il ajoutait en ce qui le concernait : « Jay veu aussy ce que me mandes par celle (la lettre) que du

Val m'a apporté, duquel jay davantage ouy de bouche plusieurs particularités de grande importance, et ay grand regret de ce que lestat des affaires de mon royaume ne me permet de pouvoir aller maintenant par dela, comme je le désirerois bien, mays il n'y a personne de bon jugement qui me le voult conseiller en ceste saison, ce qui me rendra excusé envers mes subjects de Poulogne. Et puisque par toultes les susdites dépesches il se cognoist qu'il n'y a rien plus important et necessaire que d'y envoïer une somme dargent, je suys apres a la fayre mettre ensemble et dadjouster a cella la depesche de mon cousin le Marechal de Bellegarde et du Sr de Pibrac que je feray partir dedans peu de jours avec bien ample charges de toultes choses et moiens pour contenter en quelque sorte mes subjects tanlt de l'Estat ecclésiastique que de la noblesse en ce qu'ils peuvent désyrer de moy, afin de me retenir tousiours en bonne volonté et dévotion de bien afectionez et dempescher les desseins de ceulx qui ont envye daporter par dela quelque changement à mon préjudice [1]. »

Comme l'instruction dont nous avons parlé, cette lettre ne renfermait pas, on l'avouera, de promesses bien convaincantes, puisque le roi déclarait pour la première fois qu'il ne pouvait revenir en ce moment. Mais elle révélait toujours l'intention d'envoyer des ambassadeurs à la diète, et décidé à agir en conséquence d'Espeisses partit dans la première semaine de mai pour Stenzica où il fut bientôt rejoint par du Val qui arrivait de France et lui apportait d'autres lettres du roi. A ces lettres lui annonçant le départ de Bellegarde et de Pibrac était inclus un mémoire pour les ordres de Pologne et de Lithuanie, en date du 16 avril, qui confirmait cette importante nouvelle [2].

[1] *Recueil de Lettres* publiées par Blaize, Paris, 1635, B. N., imp., t. 2123.

[2] Les pouvoirs des ambassadeurs ayant été signés le 15 avril (B. N., mss. coll. Colbert, 338), ils quittèrent la cour le 19 du même mois.

VI

Enfin, le 12 mai, jour de l'Ascension[1], les sénateurs s'étant réunis après la messe du Saint-Esprit dans une salle en bois, aux portes de Stenzica, petite ville du palatinat de Sandomir, sur la route et à une centaine de verstes de Varsovie[2], le maréchal du royaume ouvrit la diète en proposant, selon l'usage, de fixer l'ordre des débats. C'était une formalité préliminaire ; mais lorsque le palatin de Sandomir eût fait observer assez justement qu'il fallait avant tout s'entendre sur les motifs de la convocation et savoir pourquoi on était là, à un signe des palatins de Siéradz, Podolie, Rawa et d'autres encore, la noblesse polonaise, qui était à l'extérieur, se précipita en armes dans la salle, résolue à trancher elle-même la question, en criant plusieurs fois : « Élection ! »

On connaît le caractère tumultueux des diètes de l'ancienne Pologne. Celle qui s'ouvrait de cette manière bruyante, et, si nous nous reportons à ce qui précède, bien significative quant à son objet, se signala dès le début par l'explosion violente des rivalités que l'union territoriale et politique avait été impuissante à détruire entre les Lithuaniens et les Polonais, de tout temps séparés par les mœurs, les influences, la religion même[3].

La mésintelligence éclata au premier contact, lorsque les Lithuaniens qui n'avaient point paru à l'ouverture de la diète et étaient restés dans leur campement, ne reconnaissant pas, avons-nous dit, la confédération de Varsovie dont elle tirait ses pouvoirs, eurent fait demander à la fin de la journée par les principaux d'entre eux s'il s'agissait d'une diète d'élection ou d'une diète ordinaire. Dans le premier cas, ils se déclaraient prêts à y

[1] Voir la *Revue* du 1er janvier 1904.
[2] Au confluent de la Vistule et de la Wiewprz.
[3] La Lithuanie et la Pologne avaient bien été placées sous le même sceptre par le mariage de Jagellon et d'Hedwige de Pologne ; mais ce n'est qu'en 1569 qu'elles formèrent un seul et même état politique et territorial, en vertu de l'Union de Lublin ; encore s'étaient-elles réservé l'une et l'autre la faculté de nommer séparément aux dignités suprêmes, d'avoir chacune son armée propre et ses lois respectives.

assister, tout en protestant contre la décision prise en dehors d'eux par la confédération de Varsovie, car si le roi leur avait demandé dans ses instructions de s'opposer à la réunion des comices, ils tenaient néanmoins à s'entendre sur une question aussi grave avec leurs frères de Pologne ; dans le second cas, au contraire, leur présence devenait inutile puisqu'aux termes des statuts de la République c'était à Varsovie, et non ailleurs, que devaient se tenir les diètes d'affaires. En cette occurrence, la majorité du sénat montra par son attitude qu'elle était résolue à procéder à une nouvelle élection.

La réponse à faire aux Lithuaniens ayant été ajournée au milieu d'un immense désordre provoqué dans l'assemblée par les cris de ceux qui n'entendaient pas qu'elle fût différée un seul instant, le primat de Pologne émit l'avis dans la séance du lendemain qu'on les invitât sans autre commentaire à venir à la diète, afin qu'appartenant à une seule et même nation ils fussent consultés comme les Polonais sur ce qui pouvait le mieux contribuer à la tranquillité de l'État. Sur quoi, prenant vivement la parole, l'évêque de Cracovie [1] demanda pour quelle raison l'on ne s'accordait pas sur l'exécution de la confédération, puisque ceux qui y avaient assisté s'étaient engagés par serment à la faire observer sous peine d'infamie. « Quant aux Lithuaniens, ajoutait-il, du moment où on leur a communiqué dès hier l'acte de la confédération, ils ne sauraient plus longtemps prétendre ignorer que nous sommes ici pour procéder à une nouvelle élection. » Ce langage paraissait réunir les suffrages de l'assemblée, et les évêques de Plock et de Chelm, ainsi que les palatins de Cracovie et Sandomir, de Podolie, de Siéradz, de Rawa et plusieurs autres l'approuvaient visiblement quand le comte de Tenczyn [2] et son frère le palatin de Belz n'hésitèrent pas à soulever les clameurs de l'assemblée en déclarant de la manière la plus énergique qu'il fallait se rallier à l'avis du primat et éviter à tout prix d'en venir à une nouvelle élection. A la parole de ces fidèles serviteurs de

[1] François Krasinski.
[2] Sous-camérier royal et castellan de Vojnica.

la cause royale, il commença à se former parmi les palatins et autres grands officiers de la couronne un léger courant de résistance à la confédération et ceux qui n'osaient parler contre par crainte d'être accusés de manquer à leur serment trouvèrent la voie ouverte à l'expression de leurs sentiments. Néanmoins les avis étaient trop partagés, les opinions trop peu solides encore pour qu'on arrivât à un accord, et le 17 seulement après plusieurs journées employées à se reconnaître dans cette diversité de vues et de convoitises ardentes le sénat se décida, sur les instances de la noblesse et malgré l'opposition du primat, à envoyer des députés aux Lithuaniens pour leur dire qu'il s'agissait d'une nouvelle élection et les inviter à venir à la diète en vue de fixer avec les Polonais la date où elle aurait lieu et pour laquelle on proposait dès maintenant le 20 mai.

Ce fut pendant ces quelques jours l'occasion pour les prétendants à la couronne de compter leurs amis et de réunir leurs forces. Le duc de Ferrare s'était mis sur les rangs, mais sans trop s'engager, car ses partisans n'étaient pas nombreux, et il ne voulait « fonsser » qu'au dernier moment, si l'Empereur son beau-frère se désistait. Sans se poser nettement en compétiteur, le roi de Suède faisait rappeler par un envoyé spécial ses bienfaits envers la Pologne, sa parenté avec les Jagellons et les droits de l'infante, sa belle-sœur[1]. Mais le plus dangereux de tous, celui dont les partisans étaient le mieux payés et le plus en état d'enlever l'élection par la bourse, on a nommé l'Empereur Maximilien d'Autriche. Pour ne point offenser le roi, il avait bien prescrit à ses ambassadeurs extraordinaires, l'évêque de Wratislaw et le maréchal de Moravie, de ne se rendre à la diète qu'après la proclamation de l'interrègne qu'il croyait assuré; Dudith, son ambassadeur ordinaire, avait bien reçu l'ordre de rester à Cracovie. Mais sous ces réserves les uns et les autres ne s'abstenaient guère d'entretenir par de nombreuses

---

[1] Jean III. Il avait épousé Catherine, fille de Sigismond Ier, roi de Pologne, et sœur de Sigismond-Auguste et de l'infante Anne.

et habiles largesses, répandues publiquement et sans vergogne [1],
la plus active propagande en faveur de l'élection. Par contre, le
sultan n'en voulait à aucun prix ; aussi hostile à la candidature
germanique qu'à celle d'un autre voisin de la Pologne, le Grand-
Duc de Moscou, qui après avoir cherché à faire élire son fils à la
mort de Sigismond-Auguste, travaillait maintenant à se créer un
parti dans la petite noblesse, avide de se soustraire à l'autorité
des grands [2], Amurat avait fait déclarer par son ambassadeur à
la diète qu'on pouvait compter sur son amitié perpétuelle si on
élisait un Piast, le roi de Suède ou le prince de Transylvanie,
mais qu'il fallait s'attendre à la guerre si les suffrages se por-
taient sur l'un ou l'autre des précédents.

Dans cette lutte d'intrigues ardentes, d'Espeisses était à peu
près seul, sans argent, sans lettres de créance, à rappeler à la
Pologne qu'elle avait toujours un roi. A toute heure, en dehors
des séances, on le voyait saisir au passage, sans souci des rebuf-
tades, tel ou tel palatin, dont l'opinion à l'égard du roi était des
plus incertaines, et essayer de le ramener à sa cause. Nonobstant, ses promesses étaient si décriées qu'on l'écoutait avec
peine : on allait même jusqu'à soutenir qu'il fabriquait avec
l'évèque de Cujavie les lettres et instructions dont il se prévalait
au nom du roi [3]. « Vray est que j'acquis une réputation envers
eulx d'estre trompeur, m'appelans le jeune Montluc et délibérans
de me défendre le royaume [4]. » En un mot, ses rapports avec
le sénat en étaient arrivés à une telle aigreur que, pour ne pas
paraître rechercher la parole, il avait remis au primat le mémoire que du Val lui avait apporté de la part du roi pour les
Ordres du royaume, en le priant d'en demander la lecture en
séance. Le primat s'était empressé de lui donner satisfaction
le lendemain, en le faisant lire par le vice-chancelier ; et bien
que d'Espeisses se fût offert en otage si on en contestait l'au-

---

[1] Le nonce au cardinal de Côme, Varsovie. 26 mai 1575, n° 56.

[2] Le nonce au cardinal de Côme (voir lettres des 10 février, 26 mai 1575
et suivantes).

[3] Dudith à l'Empereur, Arch. vienn., Hungarica.

[4] Rapport sans date de d'Espeisses au roi. B. N., F. F. 4736.

thenticité, « beaucoup l'examinèrent et le contrôlèrent avec soin, tant ils croyaient à sa fausseté [1] ».

Dans sa perplexité il envoyait coup sur coup dépêches au roi et courriers à Pibrac et à Bellegarde : « Depuis l'arrivée de M. du Val, mandait-il au roi le 18 mai [2], jay faict 3 dépesches à V. M. et 3 à M. de Vulcob pour l'advertir de toult ce qui se passoyt de par deça, afin quil vous en advertisse. Jay depesché aussy 5 courriers en diverses parties d'Allemaigne pour haster vos ambassadeurs de venyr, cognoissant que ce seul moïen, encores qu'ils neussent argent, mestroyent vos affaires en bonne part, et ne venants il ny a home du monde qui ose ouvryr la bousche pour vostre servyce. Au moins, sil y en a d'aulcuns, ils sont si clairsemés quils ne peuvent compter pour rien. »

Mais si les ambassadeurs n'arrivaient pas au gré de d'Espeisses, un revirement en faveur de la prorogation de la diète avait fait place, après les premières journées, à l'indifférence avec laquelle les palatins avaient accueilli jusqu'à présent les lettres et instructions du roi : « Dyeu mercy, continuait d'Espeisses dans la lettre précitée, les humeurs se sont tempérées de telle fason qu'encores que les Polonais ayent declaré aux Lithuans quils entendoyent fayre eslection nouvelle, il se trouve plusieurs personnes qui dysent publiquement qu'il est meilleur d'attendre vos ambassadeurs pour veoyr si vous leur offrires quelque chose qui les asseure de vostre retour. » En effet, inquiets des progrès du parti de l'empereur, qu'au grand mécontentement de la noblesse appuyaient la plupart des sénateurs, certains palatins, secrètement acquis à l'idée de faire élire un Piast, se demandaient s'il était vraiment contraire à leurs intérêts d'accorder au roi le délai qu'il réclamait pour son retour. Parmi ceux-ci les palatins de Podolie [3] et de Sandomir [4] commençaient à prêter quelque attention aux paroles

[1] Le nonce du cardinal de Côme, Varsovie. 15 mai 1573. n° 55.
[2] Recueil de lettres de MM. de Pibrac, d'Espeisses, Bellièvre, Paris, 1635, B. N., t. 2123.
[3] Nicolas Mielecki.
[4] Pierre Zborowski.

de d'Espeisses depuis qu'il avait déclaré au premier que si le roi devait perdre la couronne, il préférerait la voir passer à un des leurs qu'à l'Empereur ou à l'archiduc Ernest : « Je trouve M. le palatin de Podolie de cet advis, ajoute-t-il, et encores quil eust dist hier en plains comices quil estoyt d'advis dobserver la confédération, néantmoins il discourut en telle fason devant que dyre son opinion que par son discours il donnoyst à entendre à plusieurs quils faysoyent follie et se mestoyent en danger n'attendans le roy. J'ay parlé à luy plusieurs foys, et encores quil soyt home qui ne souvre guere volontyers, neantmoins il ma montre quil seroyst favorable en toult ce qui se presente et pour le servyce de V. M. Bref, encores que jusqua ceste heure je ne puysse vous donner parfaicte cognoissance des personnes pour l'incertitude et obscurité qui est en eulx, si vous puys-je dyre que pouvant beaucoup il na pas la volonté mauvayse. Vray est quen son faict il mest une clause, cest quil vous servyra moiennant que la République nendure dommaige. Il passe oultre, car il juge quon vous peust instamment renouveller un terme pour vostre retour. Quand je luy demande quel, il sestend jusqua fin de settembre, et semble quil saccommoderoyt a un an. Plusieurs aultres se trouvent de cet advis et pensent que la chose se pourroyst obtenir moiennant que les ambassadeurs vyennent; mais ne venants il ny a personne qui ne perde toulte espérance. »

Là-dessus, les Lithuaniens vinrent à la diète dans la journée du 20, suivant l'invitation qui leur en avait été faite le 17. A leur arrivée commença la discussion relative à la question de savoir en quelle forme il serait procédé à l'élection. Le primat, prenant le premier la parole, déclara qu'avant de décider si on passerait à un acte aussi grave il importait d'examiner sagement s'il pouvait s'accomplir en toute légalité et sans danger pour la république. A cette motion, l'évêque de Cracovie objecta qu'obligé comme il l'était par son serment de se conformer à la confédération de Varsovie il ne pouvait suivre le primat sur ce terrain et demanda qu'on fixât l'élection au mardi 24. Après lui, le castellan de Vilna, Jean Chodkiéwicz, chercha à expliquer qu'on pouvait procéder sans honte et sans reproche à l'élection parce que le roi n'avait pas rempli les conditions auxquelles il avait été élu et que par le retard qu'il mettait à envoyer des ambassadeurs en dépit de ses promesses il semblait avoir complètement abandonné la couronne. A l'appui de l'opinion du primat, le castellan de Belz s'efforça de démontrer avec une noble ardeur à quels dangers entraînerait une nouvelle élection; que si par contre, admettait-il, l'élection était reconnue nécessaire, ce qui ramènerait à l'interrègne, il fallait au moins indiquer, en s'appuyant sur de solides arguments juridiques, pourquoi on voulait déposer le roi, et exiger de chacun le serment de venir à l'élection par pur amour du bien public, sans haine, sans visées ambitieuses, et sans avoir été suborné. Ces sages paroles furent accueillies avec faveur, mais non sans embarras, par les palatins de Podolie et de Sandomir; quant aux autres, ils suivirent l'avis du castellan de Vilna en insistant pour que l'élection eût lieu le 24 mai.

Cependant le lendemain, lorsque le sénat eut fait remettre à la noblesse un écrit constatant qu'il approuvait la demande de l'élection et signé par la plupart de ses membres, il se forma dans les rangs de celle-ci un triple courant d'opinions contradictoires : tandis que la majorité tenait pour qu'on en vînt à l'élection sans passer par la déposition, quelques-uns voulaient qu'on décrétât, au contraire, cette déposition; qu'on proclamât en d'autres termes l'interrègne ; un très petit nombre, qu'on attendît le roi, de telle sorte qu'en ce jour on ne prit aucune résolution.

Ainsi donc, résultat certainement dû aux manœuvres de d'Espeisses, la noblesse, comme épouvantée des droits que s'arrogeait l'assemblée — et de pareils revirements ne sont pas rares dans les annales des diètes polonaises, où les factions rivales redoutaient par-dessus tout « de voir se concentrer quelque part la force publique [1] » — montrait de l'hésitation à

___

[1] De Salvandy, *Histoire de Pologne*, p. 113.

consentir à la déposition du roi; mais il y avait encore beaucoup à faire pour la détourner d'acquiescer à l'élection. Dans sa dernière lettre à Henri de Valois, d'Espeisses nous a fait voir comment il s'était rapproché du palatin de Podolie, et si celui-ci n'avait pas révélé de sentiments bien vifs à l'égard du roi dans les premières séances de la diète, nous savons « quil nestoyt pas home à souvrir volontyers ». D'Espeisses avait également tâté le palatin de Vilna[1] et en avait presque obtenu la promesse d'encourager les Lithuaniens dans leur résistance aux volontés du sénat, tout en laissant le duc d'Olyka, son neveu, suivre avec le castellan de Vilna le parti de l'empereur. D'une nature aussi renfermée et aussi cauteleuse que le palatin de Podolie, Nicolas Radzivill tenait évidemment à se ménager l'Empereur; mais sentant combien la noblesse était contraire à la candidature germanique, il cherchait avec le palatin de Podolie à gagner du temps en se tournant en apparence du côté du roi. D'Espeisses ne pouvait trop se fier aux promesses « obscures et incertaines » de ces seigneurs peu affectionnés au roi; mais comme ils disposaient à leur gré de la noblesse en Pologne et en Lithuanie, c'en était assez pour qu'à l'abri de leur neutralité bienveillante il engageât bravement la lutte contre l'Empereur : « J'entretyens ung chacung tanlt qu'il m'est possible et ny espargne rien qui soyt en ma puissance et puys dyre quavec fort peu dayde je mestroys toult en bon estat, car la justice est de nostre costé et trouve assez de gens qui la goustent, sapaisant fort les humeurs des personnes. » Comme il l'écrivait au roi, il usait de persuasion vis-à-vis des uns et des autres, et il répandait des écrits portant en substance que quiconque se déclarerait pour l'empereur serait l'ennemi du roi; que si on proclamait l'interrègne, il en ferait retomber la responsabilité sur la faction impériale, s'y opposerait de toutes ses forces et n'hésiterait pas à favoriser un Piast ou quelque autre voisin de la Pologne. « Et de moy j'ay promis d'aller inciter le Turc pour

[1] Nicolas Radziwill.

venir à Vienne et fayre que Votre Majesté les secourra d'argent et peult estre de gens [1]. » Ce faisant, d'Espeisses profitait adroitement de la faute commise par les impérialistes en démasquant leurs vues avant que l'interrègne ne fût proclamé. Aux agissements de ses adversaires, il répondait en cherchant à détourner la noblesse de prendre part à l'élection, sous la perspective du triomphe possible d'une candidature nationale : « V. M. scaura quelque jour les moiens dont j'y use qui sont assez estranges et difficiles, mais je n'attrybue le succez de ceste affayre qu'à Dyeu et à vostre bonheur sy j'en vyens à boust, ce que je feroys sy j'avoys seullement une instruction pour descouvryr vostre intention et une lettre de créance. Et néantmoyns je ne perds courage, encores qu'on me menace de tous costés ; mays il me seroyt peu de perdre la vie pour vostre servyce. Le regret seullement que j'auray sera sy je voyeais que pour peu de chose ce royaume se perdyst et tombast entre les mains de vos ennemys, lequel je penseroys sauver pour peu de chose, et puys, aiant rompu le coup, il seroyt aysé à V. M. de fayre plusieurs bonnes choses. »

Cette instruction, cette lettre de créance, sans lesquelles, on l'a vu, d'Espeisses ne pouvait obtenir la parole dans les assemblées, du moins de manière paisible, ce qui le condamnait à l'impuissance, il n'avait cessé de les demander au roi depuis son départ de France et, dans sa perplexité quant à l'arrivée des ambassadeurs, il lui avait encore écrit le 18 mai : « Je vous suplye d'envoier la mesme ambassade par un courrier pour la proposer s'il est besoing et à tems au cas qu'ils ne viennent. Douze parolles que je leur dyroys seul esbranleroyent les affayres et conserveroyent ce royaulme. »

Enfin, le 23 mai, pendant qu'on discutait au sénat la question de l'élection, un des nombreux courriers qu'il avait expédiés à la rencontre de Pibrac lui ramenait un des gens de l'ambassadeur, qui venait lui annoncer, de la part de son maître, qu'en partant

---

[1] Rapport s. d. de d'Espeisses au Roi. B. N., Ms. fr. 4736.

de Montbéliard, le 30 avril, l'ambassade avait été attaquée par une bande de pillards. Dépouillé de tout son argent et de son équipage pour une valeur de vingt mille écus, deux de ses serviteurs tués, Pibrac avait été secouru à temps pour échapper à la mort, lui aussi, et n'avait pu sauver que sa correspondance éparse sur le sol; aussi avait-il été forcé de se détourner un peu de sa route pour gagner Soleure et demander à l'ambassadeur du roi les secours nécessaires à la continuation de son voyage; il espérait toutefois être à Stenzyca dans quatre à cinq jours et il avait remis à cet homme des lettres en date du 8 mai pour les ordres du royaume et quelques particuliers avec un certificat du comte de Montbéliard à titre de preuve de l'accident, en les priant de l'attendre. La veille, le bruit avait couru à la diète que le maréchal de Bellegarde était arrivé à Cracovie, mais qu'ayant su l'élection de l'Empereur il n'avait pas poursuivi sa route, et d'Espeisses lui avait, en conséquence, envoyé un courrier pour l'informer de la vérité et l'amener en toute hâte. Quand ces nouvelles, qui annonçaient en somme que les ambassadeurs ne viendraient pas encore, furent connues des Polonais — la seconde avait été inventée par les impérialistes pour presser l'élection — elles fournirent aux adversaires de d'Espeisses, comme bien on pense, l'occasion de répéter avec plus d'audace qu'on ne pouvait avoir foi en ses promesses. Pour lui qui n'en était pas à la première offense, cette lettre de Pibrac aux Ordres de Pologne et de Lithuanie constituait, en dépit des sourires de la foule, une preuve assez claire de son arrivée, pour qu'il se crût le devoir de forcer la diète à l'écouter. Peu s'en fallut même qu'il ne reçût en cette grave circonstance « l'ambassade » qu'il avait si vainement sollicitée; car, à la nouvelle de l'agression de Pibrac [1],

---

[1] Cette agression est assez singulière, et un passage d'une lettre du nonce donnerait à penser qu'elle a été préméditée dans le dessein d'empêcher Pibrac d'arriver à temps pour la diète de Stenzyca. Voici, en effet, ce qu'écrivait Vincent Laureo au cardinal de Côme le 27 juillet 1575, sous le n° 64 : « Pibrac déclare avoir été averti par le prince de Condé que le palatin de Cracovie avait été le premier à adhérer à un écrit ou « complot », envoyé dans ce royaume par Bèze, qui recommande tous les efforts en vue d'empê-

le roi lui avait écrit qu'il allait lui envoyer des pleins pouvoirs, et ne s'était ravisé, ajoutait-il en post-scriptum à sa lettre [1], qu'en apprenant que Pibrac avait recouvré la liberté et continué son voyage. Cette suprême ressource lui échappait encore, et si d'aventure la vision s'en offrit à ses yeux, ramené bien vite par son infatigable constance à la dure réalité il se résolut à demander le lendemain la parole pour présenter à la diète la lettre de Pibrac et essayer de la déterminer à attendre les ambassadeurs du roi.

Introduit enfin au sénat dans la séance du 24 mai, il parvint à prononcer, au milieu d'une attention contrainte et recueillie, cette fière harangue [2], dont voici la substance : « Révérendissimes et illustrissimes seigneurs, par ses lettres arrivées le 16 avril, le roi très chrétien vous a demandé d'attendre quelque temps encore ses ambassadeurs et de m'accorder toute votre confiance, si par hasard ils n'arrivaient pas à la date du 12 mai. Ayant reçu maintenant de leurs nouvelles, je viens vous apporter la preuve de leur venue, et si vous ne la jugez pas suffisante, je vous offre ma vie et celle de ces gentilshommes qui m'assistent en garantie de mes paroles.

« L'affaire qui m'amène devant vous a une telle importance que non seulement le salut et la tranquillité de votre patrie, mais encore le salut et la tranquillité de toute la république chrétienne en dépendent.

« Ce que je vous demande, c'est que vous attendiez les ambassadeurs de notre roi pendant un délai raisonnable qu'il vous appartient de fixer et que vous écoutiez avec bienveillance ce qu'ils ont charge de vous exposer. Si vous les attendez, vous apprendrez d'eux s'il est vrai — comme le disent certains d'entre

cher le roi de retourner en Pologne et de conserver la couronne, et oblige par serment les Polonais de la nouvelle secte à en assurer l'exécution par toutes les voies. On croit que des démarches semblables ont été faites auprès des autres palatins. »

[1] Le roi à d'Espeisses, 8 mai 1875. B. N., F. Fr. 3304, fol. 112.

[2] Proposition faite aux états de Pologne par M. d'Espeisses, le 24 mai 1575. B. N., F. Fr. 16936.

vous et ce qui vous trouble profondément — que notre roi vous abandonne complètement, vous reconnaîtrez ceux qui affirment audacieusement qu'il ne vous a pas envoyé d'ambassadeurs, et vous jugerez s'ils parlent par amour de la patrie, par haine du roi ou par intérêt privé.

« Lorsque les ambassadeurs seront ici, ils vous donneront force détails sur les raisons pour lesquelles le roi a dû s'éloigner de ce royaume, pour lesquelles il a été jusqu'à ce jour retenu loin d'ici; ils vous diront par suite de quelles intrigues il n'a pu arriver ici le 12 mai, à quelle époque il a résolu de revenir; ils vous diront ce qu'il peut et ce qu'il veut faire pour contribuer par l'accroissement de sa puissance à vous servir et à affermir votre sécurité; ils vous diront quels dangers vous menacent si vous élisez un autre roi, et comme beaucoup d'entre vous lui reprochent de n'avoir pas confirmé certains articles, ils vous expliqueront pourquoi il ne l'a pas fait et ce qu'il a l'intention de faire.

« Mais peut-être êtes-vous retenus par la confédération de Varsovie, laquelle, bien qu'elle ait été intimée pour l'avantage et le bonheur de votre république, ne mérite que votre haine pour vous avoir enlevé la liberté de délibérer et de statuer sur ce que vous jugeriez de plus utile et de plus favorable à vos affaires?

« Est-il quelque chose de plus absurde que de voir tant de gentilshommes, qui ont joui jusqu'à présent d'une liberté absolue, tomber à ce degré de servitude qu'il ne leur est pas même permis, lorsqu'il s'agit de leurs suprêmes intérêts, de proposer par crainte de la confédération ce qui leur semble le plus propice à leur république!

« A défaut d'autre reproche, il en est un du moins qu'on peut faire à votre confédération, c'est de n'avoir eu ni l'approbation royale, ni celle de la plupart d'entre vous, et cependant elle a tellement troublé vos affaires que les révoltés de France, si enclins qu'ils fussent à la paix par crainte de votre union avec le roi, ont subitement renoncé à leurs intentions pacifiques, dès qu'ils l'ont connue, et fait retarder le retour du roi. Ignoraient-ils donc ce que devait risquer Sa Majesté en n'arrivant pas à la date du 12 mai? N'oubliez pas non plus que les promesses de ceux qui lui affirmaient qu'ils n'avaient point acquiescé et n'acquiesceraient jamais à la confédération pouvaient porter le roi à regarder ce délai comme illusoire, surtout en raison de sa brièveté?

« Qui, en effet, pourrait douter qu'en lui imposant cette date on ne lui rendait pas le retour absolument impossible? Ce n'est que le 20 janvier qu'il en a reçu connaissance de la bouche des ambassadeurs de Pologne, et les ambassadeurs de Lithuanie n'ont pu la lui notifier que le 2 février. Qui pourrait donc soutenir que le roi pût en deux mois se faire couronner, pacifier son royaume, obtenir le libre passage et revenir ici? Autant eût valu lui demander de négliger ses affaires de France pour se précipiter avec ses deux royaumes dans les plus graves dangers?

« Qui donc peut l'accuser sérieusement d'avoir enfreint une condition impossible à remplir et à laquelle il n'est pas de loi divine et humaine qui oblige un homme, encore moins cette confédération de Varsovie, qui, pour si ambiguë qu'elle soit, n'en est pas moins soumise au droit. commun à toutes les constitutions, de n'avoir aucun effet à l'égard de ceux qui par la force des choses ne peuvent lui obéir. Certes, le roi n'a pu croire que vous ayiez cherché à le tromper en le rappelant à une date où il ne pouvait revenir. Bien au contraire, il s'est toujours fié à la sincérité de votre invitation et il se flatte qu'après avoir remarqué que ce délai était vraiment trop court vous n'hésiterez pas à le proroger de votre libre gré. Comme c'est là précisément ce qu'il s'agit d'examiner, n'est-il pas juste qu'avant de statuer quoi que ce soit à ce sujet, vous écoutiez au moins les explications que ses ambassadeurs ont charge de vous apporter? Et pour que vous jugiez que leur absence à la date du 12 mai ne saurait leur être imputée et n'a été qu'accidentelle, je ne doute pas que votre équité naturelle ne vous pousse à les attendre et que vous n'accordiez ainsi à votre roi ce que vous ne pourriez refuser à vos ennemis eux-mêmes! »

Cette superbe harangue, qui s'adressait moins à l'esprit qu'au cœur des Polonais — car l'autorité royale était la moindre dont on se souciât par suite de la liberté des nobles, des empiétements et de la toute-puissance des grands — ne modifia pas sensiblement les dispositions du sénat. D'Espeisses avait, sans doute, infligé un coup terrible à la candidature germanique en apportant aux Piast l'appui du parti français; mais, avant comme après son discours public, il ne parvint pas à décider la noblesse à attendre le retour du roi ou celui de ses ambassadeurs. De toutes parts on éprouvait le besoin d'arriver promptement à la solution du débat, et malgré l'approche des ambassadeurs, bien que le primat eût proposé d'examiner et de peser mûrement les arguments présentés par d'Espeisses pour suspendre toute décision de la diète avant leur arrivée, le sénat s'occupa, le lendemain de cette importante séance, à rechercher sous quelle forme pourrait être promulguée l'élection.

Mais là encore surgirent de nouvelles difficultés. Par l'obstination du sénat à suivre le parti de l'empereur, plus le temps s'écoulait, moins on parvenait à s'entendre. En effet, quand après la publication du décret on en vint, dans la séance du lendemain, à la question du vote, les Lithuaniens s'opposèrent à la prise en considération, en requérant l'expédition de lettres-patentes qui les dégageassent de toute obligation envers la confédération de Varsovie et établissent qu'à l'avenir rien ne se ferait dans la république sans leur consentement. De son côté, le primat se refusa à consacrer par une invocation au Tout-Puissant l'acte qu'on se préparait à accomplir, comme l'y conviait le maréchal du royaume, en répétant, conformément à la sentence qu'il avait remise par écrit au début de la diète, qu'avant de procéder à l'élection il fallait se mettre d'accord par une délibération sérieuse sur son opportunité. Là-dessus l'évêque de Cracovie [1], estimant qu'on déplaçait à dessein la question et qu'il était temps d'enlever tout espoir aux partisans du roi, présenta et parvint à lire, au

---

[1] L'évêque de Cracovie avait été ambassadeur à Vienne sous Sigismond-Auguste et était resté très attaché à la cour impériale.

milieu de l'agitation générale, une demande de déposition dont voici les termes :

« Considérant,

« Que le roi Henri de France, duc d'Anjou, a été élu roi de Pologne sous la condition des articles proposés par ses ambassadeurs et par le feu roi Charles, son frère, articles jurés à Paris par le même Henri, mais non confirmés par lui à la diète du couronnement, malgré les instances qui lui en ont été faites ; qu'après la mort du susdit roi, son frère, il est retourné en France à l'insu, sans les conseils et l'assentiment des Ordres et contre les lois du royaume, en le laissant exposé à ses ennemis, avec lesquels il n'a renouvelé ni confirmé de trève ou de paix quelconque ; qu'après son départ, et pour veiller au salut du royaume, on a fait une convocation générale et conclu une confédération à Varsovie, à laquelle on s'est obligé sur ses biens, son honneur et sa conscience, et qu'on a fixé au roi le terme du 12 mai pour revenir dans le royaume, selon intimation par lettres publiques et ambassade ; que le roi ne s'étant pas trouvé à la présente diète et le royaume ne pouvant rester sans chef au dedans, et les frontières sans défense contre les ennemis du dehors, les Ordres font savoir au Saint-Siège apostolique, à l'Empereur et à tous les Rois et Princes chrétiens que pour les raisons précitées ils déclarent déposer le roi Henri de France et lui refuser l'obéissance qu'ils lui auraient gardée s'il avait tenu ses promesses ; qu'étant dès lors forcés de procéder à l'élection du nouveau roi qu'ils jugeront leur être le plus utile parmi les princes chrétiens, ils avaient la certitude qu'eu égard à leurs justes griefs ci-dessus énoncés le Saint-Siège Apostolique, l'Empereur et les autres Princes estimeront que tout a été fait dans cette présente diète par mûre nécessité et qu'on a agi en pleine équité[1]. »

____

[1] Le nonce au cardinal de Côme, Varsovie, 9 juin 1575, n° 59.

Après la lecture de cette motion inattendue, chacun fut invité à dire ce qu'il en pensait, quoiqu'elle eût été saluée par les applaudissements de presque tout le sénat. Directement visé par cet appel au respect de la confédération de Varsovie, le primat s'esquiva en répondant qu'il n'avait pas assez clairement saisi les paroles de l'évêque de Cracovie pour émettre un avis. Mais les palatins de Podolie, de Sandomir, de Vilna, et certains de leurs partisans se récrièrent en insinuant qu'il suffisait de procéder à l'élection sans prononcer la déposition pour ne pas offenser le roi. Quant à la noblesse, en voyant dans ce document, lorsqu'on vint le lui apporter, une manœuvre en faveur de la maison d'Autriche, elle le désapprouva en tous points aux cris répétés de : « Nous ne voulons pas l'Allemand. »

Ces discordes ne pouvaient qu'être favorables à d'Espeisses; car, par les retards qu'elles apportaient à une décision ferme, il était à prévoir que les ambassadeurs du roi arriveraient avant la clôture de la diète. En effet, de Posen, Pibrac avait adressé à d'Espeisses une nouvelle lettre pour les Ordres du royaume où il les suppliait d'attendre son retour, puisqu'il était si près, en ajoutant que « lorsqu'ils l'auroyent ouy ils ne songeroyent à rien moins que fayre eslection d'un aultre Roy ». La présentation de cette lettre souleva un profond vacarme dans l'assemblée, et il fallut l'intervention hardie du primat, des palatins de Podolie, de Sandomir, de Vilna, de Belz et de quelques autres pour que d'Espeisses, traité de chien par le palatin de Rawa [1], parvînt, au milieu des plus graves injures, à en obtenir la lecture. Enfin quand l'ordre se fut un peu rétabli, le primat tenta encore une fois, mais toujours bien inutilement, de décider les sénateurs à attendre les ambassadeurs du roi.

Inquiétés cependant par l'approche de Pibrac, les impérialistes essayèrent dans la journée du 28 d'enlever l'élection à l'improviste. Là encore leur entreprise échoua par l'opposition des Lithuaniens à ce qu'il fût procédé à une élection quelconque si

[1] Le nonce au cardinal de Côme, Varsovie, 9 juin 1575, n° 59.

l'on n'ajoutait aux exigences qu'ils avaient formulées l'avant-veille la restitution de quatre palatinats annexés à la Pologne au temps de Sigismond-Auguste [1]. C'était dépasser la mesure, et sous la conduite de l'ancien commandant des gardes du corps royaux, Secygniowski, qui avait si courageusement rappelé aux Polonais dans une des dernières séances qu'ils étaient liés à Henri de Valois par leur serment, mais sentait aujourd'hui à quel point il importait d'en finir avec cette situation troublée, la noblesse se porta en armes au sénat en demandant l'élection du plus digne. Sommé alors d'exprimer son opinion, le primat répondit qu'on ne pouvait prendre de résolution sans les Lithuaniens ; à quoi la noblesse répliqua en murmurant qu'on n'avait pas à s'occuper d'eux, et elle ne s'éloigna qu'après qu'on lui eut donné l'espoir de procéder à l'élection dans la séance du 30. Le primat tenta à cette occasion un suprême effort pour arrêter toute décision ; il n'alla point au sénat ce jour-là et lui envoya un écrit par lequel « se référant à son serment au roi, et pour épargner à sa patrie les maux qu'entraînerait une nouvelle élection, il engageait la diète à s'ajourner jusqu'à la fête de la Purification en février prochain, parce que si on passait maintenant à l'élection, il faudrait compter avec le Sultan et choisir d'autres candidats que ceux proposés, ou s'attendre à la guerre sans être en mesure de la soutenir ; qu'on ne pouvait avoir la paix qu'en renonçant à l'élection et que si le roi n'arrivait pas à la date susdite on aurait de justes raisons d'élire un autre roi ». En tenant ce langage si raisonnable le primat indiquait à la diète le seul remède qui pût apporter un peu d'ordre dans des esprits surexcités par trois semaines de discussions violentes et stériles ; mais il connaissait trop l'obstination des partis à ne se rien abandonner les uns aux autres de leurs prétentions réciproques pour se flatter qu'ils vinssent à ses vues autrement que par la force de leurs discordes. Comment, en effet, procéder à l'élection promise à la noblesse polonaise. quand les uns demandaient un

[1] Union de Lublin, 1569.

Piast, les autres le grand-duc de Moscou, pendant que les Lithuaniens, flottant selon l'humeur de leurs chefs entre toutes les opinions, exigeaient le châtiment de ceux qui avaient parlé contre
l'Empereur !

C'est pourquoi, au milieu de la confusion où se débattaient
vainement les partis, la noblesse polonaise, indignée de l'impuissance du sénat à tenir ses promesses et à décider quoi que ce
fût, se confédéra dans un champ voisin et lui adressa une protestation dans laquelle elle lui rappelait que « l'élection devait avoir
lieu non en vertu d'un décret, mais par la force même de la confédération de Varsovie, en ajoutant que, puisqu'il n'en était pas
ainsi, elle allait se retirer et fixait d'ores et déjà au 29 septembre, jour de la Saint-Michel, la convocation d'une nouvelle
diète, dont l'élection serait le premier acte à l'exclusion de toute
candidature allemande ». Sur quoi, le sénat l'ayant invitée à com-
paraître pour qu'on se mît enfin d'accord sous réserve de ce qu'il
y aurait de malséant à écarter la maison d'Autriche, elle se résolut
à partir le 9 juin, après avoir délégué quelques-uns de ses membres pour régler avec le sénat les conditions des futurs comices.
Mais les Lithuaniens étant rentrés chez eux dans l'intervalle, elle
n'attendit pas la date qu'elle s'était proposée pour s'en aller à son
tour, laissant le sénat dans la nécessité de lever la diète sans
avoir pris de résolution.

VII

A quelques jours de là, le 10 juin au soir, lorsque la diète se
fut dissoute, Pibrac arrivait à Varsovie où l'attendaient le nonce,
le primat, d'Espeisses et le grand référendaire du royaume. Dans
une réunion qui eut lieu, le lendemain, chez le nonce entre ces
divers personnages on résolut d'aller à Lowicz, résidence du
primat, aux environs de Varsovie, où il était plus facile d'examiner à loisir ce qu'il y avait à faire pour le service du roi. Au
cours de cet entretien, Pibrac se déclara autorisé par ses pleins

pouvoirs à fixer une date au nom du roi pour une future diète en ajoutant que si S. M. T. C. ne pouvait y venir à cause des troubles de France, elle renoncerait à la couronne et laisserait les états libres d'élire un autre souverain. Quinze jours plus tôt, sans le guet-apens dans lequel il tomba à sa sortie de Montbéliard, la proposition qu'il apportait eût pu relever les affaires du roi. En apprenant de la bouche même de son ambassadeur qu'Il était disposé à renoncer éventuellement à la couronne, qui sait si dans l'impossibilité de concilier les partis la diète n'eût point acquiescé à ses nouvelles intentions au lieu de se dissoudre de manière si troublée! Mais aujourd'hui il était assez malaisé de faire connaître aux Ordres de Pologne et de Lithuanie l'objet de la mission de Pibrac, car si le primat convoquait à cette occasion une diète générale, nul doute qu'en raison des haines que lui avait attirées son attitude à la diète de Stenzica, il ne se heurtât de nouveau aux oppositions de la noblesse et du sénat.

Pibrac raconta ensuite que son argent — peut-être le produit de la vente qu'il avait faite tout récemment de sa charge d'avocat du roi — lui ayant été enlevé dans l'agression où il faillit perdre la vie, il avait écrit à Bellegarde de hâter son voyage et d'apporter tout ce qu'il trouverait à Venise pour régler l'arriéré dû aux soldats et aux gens de la cour. Dans ce but il avait encore fait connaître sa détresse à du Ferrier qu'il savait occupé par ordre du roi à rechercher des fonds à envoyer en Pologne. Hélas! Bellegarde tout à son ressentiment contre la reine-mère, qui lui avait confié cette mission pour l'éloigner de la cour et le punir de son échec devant Livron[1], s'obstinait à rester à Turin, et à la proposition du roi d'engager des bijoux que lui aurait promis le duc de Savoie, du Ferrier[2] ne pouvait que répéter ce qu'il lui avait déjà écrit à propos de projets antérieurs demeurés sans effet « sur des bagues de quelque prix que soyent et en ores plus sy elles ne passent dix ou vingt mil escus l'une, je trouveroy

---

[1] Place forte du Dauphiné, près de Valence.
[2] Le Roi à du Ferrier, 26 juin 1575, B. N., fonds Colbert, vol. 336, f. 13.

par deça a prest les deux tiers de ce qu'elles vaudront ou pour
le moins la moitié, et fallust-il aller jusqua trois cens mil escus,
et ne faudra pour le paiement dudist interest que la survalue
desdites bagues, ce que toutefoys me fust demandé par aulcuns
du commencement comme ay aussy escript »; puis, sous forme
d'avis respectueux, car il connaissait exactement l'état des choses
en Pologne, « mays pour ne rien obmettre, ajoutait-il, de ce que
je pense apartenir à mon debvoir, les seigneurs et aultres d'en-
tendement, désirans non seullement que le royaume de Poulogne
vous demeure, mays de vous veoir Empereur, estiment quasi
impossible d'empescher longuement que les Poulonnais ne
facent quelque eslection, car encores que l'entreprise de l'Empereur ayt esté rompue ceste foys et que aulcuns du pays promet-
tent le contrayre, toutes fois le commun désir des Poulonnais a
touiours esté d'avoir un Roy qui residast vers eulx, et pourtant
est grandement à craindre que les deniers qui seront envoiés par
delà ne soyt aultant d'argent perdu qui pourroyt estre ailleurs
emploié en vos plus urgens affaires [1]. »

Nonobstant l'absence de fonds, il importait fort d'imaginer un
expédient qui permît à Pibrac d'exposer les intentions du roi à
une diète, et voilà à quelle combinaison on en vint. Sous le prétexte de prévenir les dangers qui menaçaient le royaume depuis
que la diète s'était dissoute sans avoir assuré sa défense, le
primat convoquerait dans la Grande-Pologne, où son influence
était toujours très forte, une assemblée de la noblesse locale, à
laquelle serait également appelée celle des autres provinces en
même temps qu'on y introduirait Pibrac pour lui offrir l'occasion
d'exposer l'objet de son ambassade; puis on essayerait de se
mettre d'accord pour intimer une convocation générale à Varsovie où Pibrac répéterait ce qu'il aurait dit à l'assemblée de la
noblesse en insistant sur la nécessité de fixer la date de la diète
d'élection à une époque assez éloignée, telle que le mois de
septembre 1576, pour permettre au roi d'apaiser les troubles de

[1] Du Ferrier au Roi, B. N., F. Fr. 3907.

France et de revenir à temps. Dans l'intervalle, Pibrac et le nonce écriraient aux Lithuaniens pour les inviter à se rendre à la convocation, ce qu'on obtiendrait sans peine en s'assurant la bonne volonté du palatin et du castellan de Vilna. En remettant de cette manière le sort de la couronne entre les mains de la nation librement consultée, on pourrait peut-être à la faveur des discordes qui avaient empêché l'élection de l'Empereur ou d'un Piast réveiller le zèle de ceux qui tenaient encore pour le roi, en augmenter le nombre, surtout si Bellegarde arrivait avec de l'argent.

Cependant, quand il fallut se décider, le primat, dont l'énergie commençait à faiblir sous tant d'efforts inutiles, repoussa la combinaison en alléguant que dans le déchaînement des partis il était préférable à l'intérêt même du roi, avant de songer à faire obtenir la parole à ses ambassadeurs, d'attendre ce qui sortirait des diétines qui avaient été intimées, à la requête des députés de la noblesse polonaise, à la dissolution de la diète de Stenzyca, et fixées dans tous les palatinats au 12 juillet [1].

Au fond, à quelque mécanisme qu'on s'ingéniât pour lui faire obtenir la parole à une diète, Pibrac sentait trop l'inutilité de la négociation et la faiblesse de ses moyens pour apporter à la solution des difficultés amoncelées sous ses pas toute la fermeté nécessaire. Nul ne connaissait mieux que lui la situation des affaires de France et n'était plus en état de se rendre compte des motifs pour lesquels le roi ne devait jamais revenir en Pologne. Dans ses conversations intimes avec le nonce, il lui avait montré la guerre civile se prolongeant sans perspective d'accommodement, Catherine en perpétuelle rivalité avec les Guises dont elle

---

[1] L'opposition d'Uchanski à la proposition dont il s'agit étonnera sans doute si on se rappelle que le primat avait énergiquement défendu la cause d'Henri de Valois à la diète de Stenzyca. A ce propos, un auteur polonais, BIELSKI, assure qu'Uchanski, se défiant de l'éloquence de Pibrac, avait tout mis en œuvre pour l'empêcher de présenter son message à une diète. Il est clair qu'Uchanski, voyant l'impossibilité de soutenir plus longtemps les intérêts du roi, se préparait à passer à l'Empereur, ce qu'il fit, en effet, quelques mois plus tard, sous l'influence du nonce. Mais à l'époque où nous en sommes, il tenait encore pour le roi.

redoutait l'influence sur le roi, toujours prête, d'ailleurs, pour la combattre et conserver le pouvoir, à favoriser en secret les vues ambitieuses du duc d'Alençon au détriment des plus graves intérêts du royaume. Il lui avait encore révélé l'espoir du roi de conserver sa couronne élective, en envoyant en Pologne un gouverneur pour une année peut-être, sauf à rendre ensuite leur liberté aux Polonais, s'il ne pouvait revenir. A cela s'était récrié le nonce en s'efforçant de le convaincre à quel point l'introduction d'un pareil système de gouvernement serait difficile et encouragerait les Moscovites et les Turcs à envahir la Pologne, par suite des discordes qui séparaient la noblesse et le sénat, pour rétablir l'ordre à leur profit : « A Dieu ne plaise, avait alors répondu Pibrac, que je ne sois le ministre de tant de malheurs; mais alors qu'on fasse l'élection comme nous voulons [1]. » Puis afin d'y pourvoir, il était parti à quelques jours de là pour la ville de Plock, dans le palatinat de ce nom, où l'évêque [2] le tenait en amitié; en réalité il avait à cœur de cacher ses embarras et de se mettre plus à portée de recevoir des nouvelles de France. La veille, il avait été décidé que d'Espeisses retournerait à la cour pour rendre compte au roi de ce qui s'était passé à la fin de la diète de Stenzyca et de ce qui pouvait encore être tenté dans l'intérêt de sa cause. Celui-ci, qui ne voulait pas abandonner la lutte, après avoir contribué à empêcher l'élection de l'Empereur, s'était fait remettre par le nonce au moment de son départ une lettre pour le roi dans laquelle Vincent Laureo consentait sur ses instances à appuyer l'idée d'envoyer un gouverneur en Pologne. Bien qu'absolument contraire à une entreprise dont il sentait tout le danger, le nonce ne s'était pas refusé à écrire la lettre sollicitée par d'Espeisses, car il tenait à servir les intérêts du roi aussi longtemps qu'il lui serait possible de leur prêter une aide efficace; mais il la tourna de manière telle qu'il lui don-

---

[1] Le nonce au cardinal de Côme, Varsovie, 16 juin 1575, n° 60.

[2] L'évêque de Plock, Pierre Miszkowski, avait été chargé de saluer Henri de Valois à son entrée solennelle à Cracovie, et il s'était exprimé en termes fort éloquents, auxquels Pibrac avait répondu avec la même faconde. De là s'était établi entre eux un commerce littéraire assez intime.

nait plutôt l'avis de renoncer à la couronne s'il ne pouvait revenir en Pologne. « Sire, lui déclarait-il, pour n'esposer ce royaulme cy en tel danger avec dommaige de toulte la chrestienté, si cognoistrés que les affayres de France ne vous permettent de venir en Poulogne et y demeurer quelque peu de tems et par le consentement des Estats y faire eslire soubs vous un prince de vostre sang qui vous servyroit en lieu d'un gouverneur du royaulme, me semble pluslost que de perdre ce royaulme par force estre convenable à la grandeur de vostre nom, à la descharge de votre conscience de permettre une nouvelle eslection et y favoriser quelque prince catholique qui recognoistre ce bien de vous, vous sera obligé toulte la vie et aura occasion d'estre toujours conjoinct avec vous [1]. » Suivait un vif éloge de d'Espeisses, indiqué comme plus apte qu'aucun autre par « l'authorité, cognoissance et amitié qu'il a avec les seigneurs principaux du royaulme » à porter la négociation sur ce nouveau terrain.

D'Espeisses partit donc, le 18 juin, emportant avec la déclaration du nonce une lettre de Pibrac au roi où, après l'avoir entretenu des péripéties de son voyage et des menées ourdies contre sa présence à la diète : « Sire, disait celui-ci, je n'estois que lors à cinq lieues de Stenzyca et y feusse arrivé le soir mesme qu'ils se séparèrent. Mons d'Espeisses les sollicita et pressa vivement et instemment de ne partir, mais il ny avoyt ordre de les arrester; ce a esté, comme je croys, pour le mieulx d'aultant que je n'aportoys poinct l'argent tanlt désiré de ceulx qui tiennent vostre party et tanlt craint des aultres. Je diroy seullement à Vostre Majesté que je ne puys recueillir aultre chose du passé ne des propos des Seigneurs que j'ay veus sinon que le seul et unique moien de vous conserver ce Royaulme est de venir promptement en icelluy et que les Polonays scachent que vous estes jà parti, et non que vous debvès partir, et en

<hr>

[1] Vincent Laureo au roi, de Varsovie, 12 juin 1575. BLAIZE, *Recueil de Lettres*, Varsovie, 1635. Voir aussi le nonce au cardinal de Côme, Varsovie, 1575, n° 60

oultre, Sire, que dans six sepmaines pour le plus tard vous envoiés icy les deux cens mil escus dont vous leur avès plusieurs foys escript et leur promectés encores de leur en bailler davantage.

« Voilà des conditions bien dûres qui me mectent en tout désespoir, car je scay que vostre présence est trop nécessaire à la France, et quant à l'argent on m'escript d'Italie que ceulx dont on pensait recouvrer ladicte sôme de deux cens mil escus ne le peulvent ou veulent fournir. Sire, encores que je vous aie souvent dict, et à la Royne vostre Mère que je nentreroys en Poloigne que, premièrement je ne verse ou feusse assuré des deux cens mil escus pour les raisons que vous scavès, mesmement que, me présentant devant ces hômes sans l'argent, on doubteroyt non seullement de ce que je leur diroys, mais aussy je me trouveroys en danger de ma vie aiant affaire à des personnes furieuses et enragées qui ne s'apaysent qu'avecq de l'argent; sy est que je nay pas en faulte de courage d'y venir, non pour espérance que jaye de vous y pouvoir fayre service veu l'estat des affaires, aius pour fayre cognoistre que jen ay aultant de volonté et d'affection que subject ne serviteur que vous ayès en France de mon ordre et de ma qualité. »

VIII

Malgré les sentiments de défiance que les partis contraires au roi nourrissaient envers le primat en Mazovie et dans la grande Pologne, on tenait grand compte de son autorité spirituelle. Ainsi à Varsovie lui laissa-t-on le soin de faire une convocation générale pour fixer la date et le lieu de la diète d'élection et y introduire les ambassadeurs du roi ; de même à Srzoda, dans la petite Pologne, si ce n'est qu'on y omit à dessein de parler des ambassadeurs ; à Cracovie, on proclama la déchéance du roi, en dépit des protestations du chancelier du royaume et du palatin de Siéradz, et on alla encore jusqu'à édicter des peines contre

¹ B. N., F. F. 4736.

ceux qui le reconnaîtraient à l'avenir. En recevant ces nouvelles, le primat se félicita auprès du nonce de ce qu'on se fût entendu dans la plupart des diétines sur la nécessité d'une convocation générale où, muni de leurs pleins pouvoirs, il essayerait, bien qu'il fût impossible de se méprendre sur les dispositions de la plus grande partie de la nation envers le roi, d'obtenir l'admission de ses ambassadeurs et de faire assigner, par un accord entre eux et le sénat, une date définitive à son retour pour procéder à l'élection d'un nouveau roi, s'il n'arrivait pas. C'est exactement ce qu'avaient suggéré le nonce, Pibrac et d'Espeisses, à la différence près qu'ils avaient sauvegardé la dignité du roi, en demandant cette convocation en son nom et non en celui des diétines.

Là-dessus le primat écrivit aux sénateurs pour les inviter à la convocation dont il fixa la date au 3 octobre, pendant que les diétines s'assembleraient, le 3 septembre, dans leurs palatinats respectifs, pour la nomination des députés. Restait seulement à connaître l'opinion des Lithuaniens sur la résolution adoptée par les diétines de Pologne, et comme ils devaient se réunir le 1er août à Vilna, le nonce avait prescrit à leur évêque, le 10 juillet, à la demande du primat, de ne rien épargner pour les décider à se faire représenter à la convocation en même temps qu'il pressait Pibrac d'arriver à Vilna pour l'ouverture de leur assemblée.

A ce moment Pibrac, qui se trouvait chez des amis en Prusse, avait reçu une lettre de Bellegarde, en date du 8 juillet, à Turin, lui annonçant que les affaires de France allaient de mal en pis ; que le roi ne parvenait pas à s'accorder avec les huguenots et laissait du Ferrier aux prises avec les marchands de Venise, sans jamais donner suite à ses démarches ; bref, qu'il regrettait vivement de s'être laissé entraîner à cette aventure. On conçoit à quelles pénibles réflexions dut s'abandonner Pibrac à la lecture de cette lettre, quand après avoir déclaré que Bellegarde allait arriver avec des fonds il se vit désormais hors d'état de satisfaire à ses promesses et exposé à s'entendre dire — comme on avait dit à d'Espeisses quelques semaines auparavant — qu'il parlait en vain et trompait tout le monde. Dans cette perplexité, il revint à Varsovie vers le milieu d'août, pour informer le nonce et le primat de sa détresse. Ceux-ci n'en furent guère surpris, car à la même date Bellegarde avait écrit au nonce pour s'excuser de ne pas se rendre en Pologne « dans la crainte d'y perdre son temps, son argent et sa réputation ». Néanmoins ils essayèrent de le raffermir en lui représentant combien sa présence était nécessaire à Vilna, où les Lithuaniens le recevraient avec plaisir puisqu'ils l'avaient envoyé chercher [1], et où il parviendrait sans doute à leur faire accepter la proposition qu'il leur avait transmise au nom du roi. Mais dans son trouble il ne tint aucun compte de leurs avis, et, soit qu'il craignît quelque affront, soit qu'il manquât d'argent, il préféra s'excuser par écrit auprès des Lithuaniens de ne pouvoir aller les visiter. Puis, résolu à fuir dorénavant les localités où se tiendraient des diétines, il repartit pour Plock où l'évêque, si impérialiste qu'il se fût montré à la diète de Stenzyca, avait favorablement accueilli les nouvelles intentions du roi.

S'est-il jamais rencontré d'ambassadeur en pareille posture? Certes si l'on songe que Pibrac et Bellegarde avaient été envoyés en Pologne sur le choix et par la volonté de Catherine, jalouse de les éloigner du roi, sans que personne à la cour n'eût pensé à les mettre en mesure d'y faire œuvre utile, on trouvera assurément des atténuations à l'inaction regrettable de l'un, et on ne s'étonnera pas davantage que l'autre n'ait pas dépassé Turin. Toutefois, par la retraite à laquelle il se condamnait, Pibrac abandonnait aux ressentiments des partis ceux qui, avec d'autant plus de mérite qu'ils étaient en fort petit nombre, avaient pris si fortement à cœur les intérêts du roi : il le sentait tellement qu'il l'avait avoué au nonce de la manière la plus attristée.

Par son refus de se rendre auprès d'eux, Pibrac avait à ce point froissé les Lithuaniens qu'ils écrivirent sur-le-champ et assez sèchement au primat, lorsque l'évêque de Vilna leur eut communiqué la lettre du nonce, de ne pas compter sur la pré-

---

[1] Le nonce au cardinal de Côme, Varsovie, 16 août 1575, n° 67.

sence de leurs députés à la convocation du 3 octobre, parce qu'ils étaient résolus à conclure un accord avec les sénateurs de la petite Pologne pour qu'on procédât promptement et sans autre formalité à une nouvelle élection. Cependant par une seconde lettre ils lui exposèrent en termes plus courtois qu'ils avaient été poussés à ce parti, parce que la plupart d'entre eux s'étaient portés en Livonie où le duc Magnus, frère du roi de Danemark, avait tenté une attaque sur la ville de Pernau, et ensuite parce que la convocation avait été intimée sans qu'ils en eussent reçu d'avis préalable.

C'était l'obstruction accoutumée, et dans les circonstances où elle se produisait elle n'avait rien de nature à surprendre le primat. Non seulement une partie de la Livonie était occupée par les bandes du duc Magnus; mais encore on prétendait, sans grande certitude, il est vrai, qu'à l'instigation du palatin de Podolie et de certains seigneurs qui cherchaient à retarder la diète pour faire élire quelqu'un des leurs, des hordes tatares auxquelles s'étaient joints des pillards turcs avaient envahi le palatinat de Russie à l'extrémité orientale de la république [1]. Or, si désirable qu'elle crût l'avénement d'un Piast, mais toujours sous la crainte d'être asservie à l'ambition et aux caprices des grands, la menue noblesse demandait à cor et à cri l'élection d'un roi, fût-ce le Grand Duc de Moscou, comme le seul moyen de rassurer le pays, sans passer par la complication et les lenteurs d'une convocation. Cette tendance générale à une prompte élection inquiétait le primat qui y voyait comme un blâme infligé à sa politique, puisque c'était lui qui avait intimé sans l'unanimité des diétines la convocation du 3 octobre. Au point de vue français on pourrait l'en louer, car il comptait alors sur l'arrivée de Bellegarde et croyait nécessaire de gagner du temps; mais, comme lui disait le nonce, « il aurait dû sommer Pibrac de fixer une date péremptoire au retour du roi et décider, après en avoir référé au sénat, l'intimation immédiate de la convocation »; en

[1] Le nonce au cardinal de Côme, Varsovie, 31 août 1575, n° 68.

attendant, au contraire, la résolution des diétines et n'intimant la convocation qu'à l'époque tardive du 3 octobre, il s'était exposé à n'être point obéi ; il avait compromis la dignité du roi qui, froissé de l'accueil fait à ses intentions, renoncerait sans doute à la couronne, mais conserverait le titre de roi, ce qui en donnant à l'élection à laquelle on viendrait finalement un caractère illégal achèverait la ruine de la république. Quoi qu'il en fût des dangers à prévoir, le nonce l'engageait vivement à préparer les voies de la manière la plus rapide à une nouvelle élection, puisque la grande majorité du pays la réclamait, et que Pibrac avait révélé, la dernière fois qu'on l'avait vu, son intention de partir vers le milieu de septembre s'il ne recevait pas contre-ordre de sa cour.

Au fond, le nonce n'était pas aussi rassuré qu'il cherchait à le paraître sur la possibilité d'abandonner dès maintenant la cause royale. Dans une lettre, en date de Paris, 11 août [1], d'Espeisses lui annonçait son départ pour Venise et son arrivée à bref délai avec une forte somme ; or, le même courrier lui apportait une lettre du roi où il n'était pas question de d'Espeisses et qui contenait seulement quelques remerciements pour ses bons offices. En même temps Pibrac lui confirmait ses projets de départ, en ajoutant qu'il avait ordre d'attendre d'Espeisses ; mais qu'il jugeait inutile, dans le doute de son arrivée, d'entretenir plus longtemps les espérances des partisans du roi et de ceux qui consentaient à lui accorder un délai ; il disait, en outre, avoir reçu de la reine-mère l'ordre de soutenir le duc de Ferrare si on procédait à l'élection, bien que le roi n'eût jamais désigné de successeur éventuel à la couronne ; de tout cela il parlait en passant et sans grande chaleur. Comment se retrouver, dès lors, et défendre la cause royale au milieu de ces affirmations, de ces réticences et de ces doutes s'entre-croisant dans ces avis simultanés et contradictoires ! Il était clair aux yeux du nonce que si d'Espeisses arrivait avec des fonds avant la diète

---

[1] Le nonce au cardinal de Côme, Varsovie, 16 septembre 1575.

de convocation ou même avant la diète d'élection, il pourrait obtenir un délai raisonnable pour le retour du roi; mais si ce délai se prolongeait un certain temps, une année par exemple, ou qu'une fois accordé le roi ne parût point, n'y avait-il pas à craindre que « le sang polonais, si doux qu'il fût, ne finît par s'exaspérer au point de provoquer la guerre civile avec l'invasion turque pour le plus grand dommage de la chrétienté ? » Par cette raison il importait, pensait-il, de venir promptement à une nouvelle élection qui pourrait se faire « sans offenser le roi » si d'Espeisses n'arrivait pas à temps, puisque Pibrac partait « mécontent de la cour » et ne se souciait guère « des affaires du royaume ». Mais enchaîné par ses instructions qui lui prescrivaient d'appuyer dans l'intérêt supérieur de la chrétienté les droits du Roi à défendre sa couronne et les non moins justes prétentions de l'Empereur à la recueillir, si les Polonais la lui retiraient, il ne pouvait que prier Dieu au milieu des périls qu'il se voyait impuissant à conjurer, « de lui accorder la force de remplir exactement les très saintes intentions de Sa Béatitude dans une affaire si difficile et si ennuyeuse », écrivait-il le 16 septembre au cardinal de Côme.

IX

Il appartenait aux circonstances de le tirer bientôt d'embarras. En arrivant à la cour, d'Espeisses avait trouvé comme de raison le roi aux derniers expédients pour opposer des armées aux rebelles partout en mouvement et même pour payer ses serviteurs. Levées sur le clergé, les villes, le Parlement, les particuliers; création de nouvelles charges de justice, bailliage à ferme des parties casuelles, vente de deux arbres par arpent dans toutes les forêts de France, les folles prodigalités qui avaient marqué les débuts de son règne l'obligeaient à faire argent de tout. Malgré ses embarras intérieurs, Henri de Valois pensait toujours à la Pologne, et s'il appuyait si mal ses ambassadeurs, s'il apportait à la défense de ses droits une nonchalance qu'expliquerait avec son aversion pour tout effort sérieux et persévérant, l'insatiable ambition de Catherine, tour à tour en froid avec les Guises et en coquetterie avec le duc d'Alençon ou le roi de Navarre, l'empêchant par système de gouverner à son gré, il n'en ressentait pas moins un vif froissement des compétitions acharnées à sa succession. Ce sentiment, il le poussait si loin qu'il n'accueillit pas avec une juste faveur les ouvertures que d'Espeisses était venu lui soumettre au nom du nonce et au sien pour l'aider, sinon à conserver la couronne, du moins à ne pas s'en laisser dépouiller par la force. Après avoir écarté la proposition que lui avait faite d'Espeisses de désigner pour gouverneur, en son lieu et place, le duc du Mayne [1] qui l'avait suivi en Pologne et lui était dévoué, il s'arrêta, par ce mélange d'irrésolution et de perfidie dont tous ses actes témoignent, à une idée assez originale qui consistait à chercher quelque prince auquel il pût céder éventuellement ses droits à la couronne sans le désigner pour son successeur et en l'abusant sur la sincérité de sa renonciation. Or, Henri de Valois gardait rancune au duc de Ferrare d'être intervenu dans ses affaires à son retour de Pologne par des offres d'argent, présentées sous une forme hautaine et à des conditions inacceptables : à Vienne notamment le duc lui avait fait offrir sa caution pour le service de la solde aux soldats et aux courtisans, et, offense plus grave encore, à Lyon il s'était fait fort de subvenir à ses embarras financiers s'il renonçait au duché de Bretagne, « auquel madame sa mère avait sans doute quelque droit [2] », avait insinué son ambassadeur ; de là chez Henri de Valois un ressentiment que les prétentions du duc de Ferrare à la couronne de Pologne avaient encore envenimé [3]. Quelle meilleure satisfaction à prendre dès lors sur ce

---

[1] Plus tard duc de Mayenne, chef de la Ligue après l'assassinat de son frère aîné, le duc de Guise, et adversaire d'Henri IV.

[2] Renée de France, fille de Louis XII et d'Anne de Bretagne.

[3] Vincent Alamanni au grand-duc de Toscane, janvier 1575, à Lyon. — Le duc de Ferrare, qui n'avait pas d'enfants, mais des cousins éloignés, craignait toujours qu'à sa mort son duché ne fût incorporé au Saint-Siège. Aussi cherchait-il quelque trône en dehors de l'Italie.

rival gênant, sinon redoutable, que de lui rappeler ses anciennes promesses en cherchant à l'intéresser à une combinaison qui pouvait tourner contre lui s'il s'y laissait prendre !

On en revint donc avec l'assistance de la reine-mère, préoccupée avant tout de tenir plus longtemps Pibrac éloigné du roi, à ce fameux plan qu'elle avait conçu pour conserver la Pologne aux Valois et dont le duc de Ferrare devait être l'instrument. On décida, en conséquence, que d'Espeisses se rendrait à Venise en passant par Turin [1] où il prierait le duc de lui remettre, sous réserve du payement d'un prêt antérieur, pour cinquante mille écus de bagues qu'il engagerait par l'entremise de du Ferrier. Une fois nanti de ces bijoux, suivant inventaire et contrat réguliers, d'Espeisses poursuivrait son voyage et s'arrêterait comme par hasard à Ferrare pour saluer le duc et lui dire qu'il se rendait en Pologne, que le roi tenait assurément à garder la couronne et que si, en raison des troubles de son propre royaume, il devait y renoncer, il désirerait la voir passer au duc de Ferrare, son parent et ami ; qu'en conséquence il lui demandait de lui faire toucher à Venise une somme de cent mille écus qui lui serait sûrement remboursée ; à cet effet, et après engagement pris par le duc, d'Espeisses lui proposerait de lui adjoindre quelques-uns de ses gens qui l'accompagneraient en Pologne et qu'il tiendrait avec Pibrac au courant de tout ce qui s'y passerait ; qu'au cas où Pibrac et d'Espeisses, étant en Pologne, verraient que le roi ne peut conserver ce royaume, ils emploieraient de concert avec les propres gens du duc tous les moyens de faire tomber la couronne sur sa tête, moyennant quoi le duc déclarerait le roi quitte de tout ce qu'il lui devrait et s'engagerait, s'il n'avait pas d'enfants, à reconnaître le deuxième fils que le roi pourrait avoir pour son successeur au trône de Pologne. « Dans la partie du projet qui ne devait pas être montrée au duc, d'Espeisses avait charge, s'il se plaignait qu'on ne lui offrît la couronne qu'au cas où elle échap-

---

[1] British Museum, à Londres. — Instruction pour le s[r] Depesse, envoyé par le roi en Savoie, août 1575.

perait au roi, de lui faire remarquer qu'il n'était pas possible à ce
dernier d'abandonner la nation qui l'avait élu ; à son arrivée en
Pologne d'Espeisses s'entendrait avec Pibrac pour proposer aux
états et à la noblesse tous autres partis plutôt que de procéder
à une nouvelle élection ; si le duc ne fournissait pas les cent
mille écus, on essayerait de s'en passer ; mais si par son refus
on perdait toute chance de réussir, on ne proposerait personne
et on travaillerait en secret à l'élection d'un Piast à l'exclusion
de tout autre prétendant ; d'Espeisses et Pibrac déclareraient
finalement que le roi désirait rester l'allié des Polonais et se
comporteraient de manière à lui rendre la résignation de la
couronne le plus honorable possible [1]. »

A ce plan où tout semble habilement prévu, il ne manquait
que d'être praticable, ou au moins d'une exécution facile et
prompte. On y voit sans doute une solution plausible des difficultés pendantes en ce que le roi y faisait éventuellement
l'abandon de la couronne en faveur d'un Piast, et sur ce point
d'Espeisses pourrait fort bien avoir été consulté. Quant à l'ensemble, il parait y être resté d'autant plus étranger qu'on le
chargeait d'aller offrir au duc de Ferrare l'appui discrédité du
roi en échange de sa coopération financière à l'entreprise, et
qu'en la forme ambiguë où se présentait la négociation il devait
en connaître mieux qu'un autre la faiblesse et l'inopportunité.

Tandis que la reine-mère, absorbée dans ses pensées de
nature toute personnelle, ne cherchait qu'à amuser l'activité de
d'Espeisses en lui imposant cette étrange mission, en Pologne
l'ordre commençait à renaître dans les esprits. Par égard pour
l'autorité spirituelle du primat, dans la plupart des diétines provinciales on accepta la convocation en limitant à deux par palatinat le nombre des députés à y envoyer avec charge de n'y
paraître que pour demander l'intimation de la diète d'élection à
l'époque la plus rapprochée. Ces nouvelles parvenues à d'Espeisses le pressaient d'entreprendre le voyage, si peu sûr qu'il

[1] Instructions pour le sʳ d'Espeisses se rendant à Ferrare, B. N., mss.
coll. Colbert, 338.

fût de trouver à Venise l'argent que la cour aux abois renonçait à lui fournir directement. Sauf les fonds, rien ne manquait aux besoins de sa mission : on lui avait remis avec l'instruction que nous connaissons une lettre particulière du roi pour le duc de Ferrare [1]; Catherine avait pris soin d'instruire Pibrac de la négociation [2] — on sait quelle importance il y attacha; — du Ferrier avait été invité de son côté à lui chercher l'argent nécessaire. Rien ne le retenait donc plus en France et il pouvait se croire autorisé à écrire au nonce qu'il allait revenir quand soudain la cour se trouva acculée aux plus graves difficultés qu'elle eût encore éprouvées depuis l'avènement d'Henri de Valois. Les conférences avec les huguenots avaient complètement échoué, et ceux-ci, exaspérés par les résistances du roi et de la reine-mère à leur accorder l'exercice de leur culte et les places qu'ils réclamaient pour leur sûreté, s'organisaient et s'armaient partout avec une rage fébrile. Des frontières arrivaient les nouvelles les plus alarmantes : on ne parlait de rien moins que de l'invasion du royaume par des forces considérables aux ordres du prince de Condé et du duc Casimir, fils de l'électeur palatin. Dans l'affolement où la crainte d'un péril encore prématuré avait plongé la cour, le duc d'Alençon, jusqu'alors tranquille en apparence, s'échappait du Louvre, où il était d'ailleurs à peine surveillé, dans la soirée du 15 septembre, pour rejoindre les rebelles et se mettre à leur tête. Dès ce moment la guerre civile était déchaînée sans remède et les affaires de Pologne ne pouvaient peser bien lourd dans les préoccupations de la cour. La négociation projetée tombait par la force et la violence des événements et quelques années plus tard, mêlé à son tour à la lutte des factions, d'Espeisses nous a donné dans une lettre à Bellièvre, où il se défendait de tout sentiment hostile au duc de Guise, l'explication de son rôle en cette affaire : « Quand je revins de Pologne, vous scaves ce que je proposay de M. du Mayne pour le fayre eslire, mays on prit l'expédient du duc de

Recueil de Lettres, Blaize, Paris, 1635.
Instruction pour M. de Pybrac, B. N., F. fr. 5606.

Ferrare qui eust pu fayre déclarer survivant un de ceste maison. Jen ay encores la dépesche ches moy, et ne tint qua un peu
dargent que je ne fisse le voiage asses promptement, mays il
fust rompu par l'accident de la prinse des armes faicte par feu
Monsieur qui descria tellement les affayres de France que sur le
champ ils esleurent le Vaivod [1]. »

Pendant ce temps, à Varsovie, la convocation qui avait été
fixée au 3 octobre, avons-nous dit, s'ouvrait de la manière la
plus calme et sans grande affluence. Le primat, les évêques
de Cracovie, de Plock et de Chelm, quelques castellans, un très
petit nombre de députés seulement étaient présents. La convocation dura trois jours, au cours desquels on s'accorda sans
peine à fixer l'élection au 7 novembre à Varsovie, après avoir
considéré qu'il n'y avait plus rien à attendre de la France. Le
soir du dernier jour on lut une requête des Lithuaniens qui
insistaient pour qu'on réunît la diète dans une plaine entre Liw
et Wengrow, à une bonne journée de Varsovie, sous prétexte
qu'occupés à défendre leur pays ils ne pouvaient s'en éloigner
sans danger; mais on leur répondit que l'intimation venait
d'être décidée et qu'on n'avait rien à y changer par égard aux
autres provinces. Là-dessus l'assemblée fit dresser et expédier
une lettre à Henri de Valois pour le prier de ne point s'offenser
d'une résolution qui lui avait été imposée par une impérieuse
nécessité. Du Ferrier voyait donc assez juste lorsque après avoir
écrit à Henri de Valois, le 30 septembre, qu'il ferait tout le possible pour retirer aux conditions indiquées dans ses lettres pré-
cédentes 50,000 écus des bagues que d'Espeisses devait apporter, il ajoutait avec sa froide raison : « A quoy je supplye très
humblement Votre Majesté de considérer, si ledist argent est
pour Poulogne, quil viendra trop tard, veu quen la plus grande
partie des provinces l'interrègne a esté publié selon les novelles
que nous avons par deca [2]. »

---

[1] Étienne Bathory, voïvode de Transylvanie. — D'Espeisses à Bellièvre
B. N., F. fr. 15909, f. 122, 20 juillet 1588.
[2] Du Ferrier au Roi, de Venise le 30 septembre 1575, B. N., F. F. 3667.

Aucun envoyé du roi ne parut à Varsovie durant la convocation. De d'Espeisses on ne savait qu'une chose, c'est qu'il avait dû quitter Paris vers le 20 août et passer par Venise. Quant à Pibrac, il arriva le lendemain, à cinq heures du matin[1], quand tout était fini, et, s'étant fait conduire chez le nonce, il s'installa avec ses gens dans la partie de la maison qu'il occupait à ses rares séjours ; et après qu'il se fût reposé, le nonce vint le chercher pour le mener déjeuner dans son appartement, où se trouvait déjà le primat. Pibrac paraissait assez inquiet et ne savait s'il devait partir sur-le-champ ou attendre la diète d'élection ; il demandait conseil comme s'il doutait de son propre jugement ; mais, ne croyant guère à l'arrivée de d'Espeisses, il inclinait plutôt vers le départ. Aux questions du nonce, qui s'étonnait de son arrivée tardive, il répondit qu'il ne croyait pas la convocation si près de se clore et au reproche de n'être point allé à Vilna quand c'était nécessaire, il avoua avoir manqué d'argent. Ce qu'il était venu chercher à la vérité, c'était une lettre du nonce pour se justifier devant le roi et la reine-mère de ne s'être point opposé à la diète d'élection. Le nonce acquiesça d'autant plus volontiers au désir de Pibrac qu'il lui offrait une excellente occasion de prendre à la fois sa propre défense et celle du primat, et il lui remit une déclaration conçue en ces termes : « En raison de l'occupation d'une grande partie de la Livonie par les bandes du duc Magnus, frère du roi de Danemark, à l'instigation du Tsar de Moscovie, et les incursions auxquelles se livraient les Tatars renforcés par un grand nombre de Turcs sur le territoire du palatinat de Russie, incursions accompagnées de meurtres et d'incendies, les Polonais avaient été forcés d'intimer une diète d'élection avant l'hiver pour remédier promptement aux maux qui menaçaient le royaume, sans qu'il eût été possible à Pibrac, au primat et à lui-même (le nonce) de s'y opposer, attendu que ceux qui suivaient le parti du roi, ne conservant aucun espoir de son retour et du

---

[1] Vincent Laureo au cardinal de Côme, de Varsovie, 10 octobre 1575, n° 71.

paiement des services publics et privés, s'étaient tellement
refroidis à son égard, à l'exception du primat, qu'aucun d'entre
eux n'était arrivé à temps à la diète de convocation; dès lors se
trouvant seul, le primat n'avait pu résister aux autres et avait
consenti, en conséquence, dans l'intérêt de la religion, à l'intimation de la diète d'élection. » Muni de ce certificat, Pibrac,
qui avait passé la journée avec le nonce et le primat, en dehors
desquels il n'avait vu que l'évêque de Plock, partit le lendemain
pour Plock, dans l'intention de retourner en France. « On n'en-
tend plus parler de M. de Pibrac, écrivait le nonce au cardinal
de Côme le 27 octobre 1575, et on est convaincu qu'il s'en est
allé en France sans indiquer par quelle route pour être plus
tranquille, et on est toujours sans nouvelles de M. d'Espeisses. »

A quelques jours de là, un secrétaire de Pibrac, resté en
Pologne pour retirer les meubles que le roi avait laissés à Cracovie lors de sa fuite, lui apporta le mot de l'énigme, en lui faisant lire une lettre adressée de Paris à l'ambassadeur aux termes
de laquelle « les affaires de France allaient à la dérive; d'Espeisses qui devait revenir en hâte était resté à la cour et avait
reçu la charge de maître des requêtes ordinaires de l'hôtel du
roi ». « On ne pense donc plus à ce royaume qu'en paroles et
pour éloigner plus longtemps Pibrac, — observait le nonce en
communiquant ces derniers détails au cardinal de Côme, — et
on justifie de la sorte la convocation d'avoir intimé la diète
d'élection au 7 novembre [1]. »

La négociation était, en effet, rompue, moins cependant par la
faiblesse de la cour que par un ensemble d'événéments qui la
condamnaient de toute manière à une issue fatale. Aussi est-il
tout à l'honneur de d'Espeisses de l'avoir conduite à travers cet
inextricable dédale avec une ingéniosité telle, à défaut d'une

[1] Le nonce au cardinal de Côme, Varsovie, 15 octobre 1575, n° 72.

direction sûre et puissante, qu'il parvint, en définitive, à rompre les manœuvres des Impérialistes, et à prolonger d'une année le règne du roi absent en obtenant l'ajournement au 15 décembre 1575 de l'élection de son successeur. Au milieu de circonstances moins défavorables, de si prodigieux efforts eussent sans doute amené un résultat plus important; mais on ne saurait du moins refuser à d'Espeisses d'avoir avec « sy peu dayde » fort bien servi son maître, et par sa finesse à se concilier les esprits les plus prévenus autant que par sa fermeté à affronter les situations les plus critiques, il mérite une place, croyons-nous, parmi nos plus habiles et courageux négociateurs

PARIS. TYP. PLON-NOURRIT ET Cⁱᵉ, 8, RUE GARANCIÈRE. — 5648.